CONTEXTOS DE ALFABETIZAÇÃO INICIAL

T254a Teberosky, Ana
Contextos de alfabetização inicial / Ana Teberosky, Marta Soler Gallart ... [et al.]; trad. Francisco Settineri. – Porto Alegre : Artmed, 2004.

ISBN 978-85-363-0315-4

1. Educação – Métodos de investigação – Alfabetização inicial. I. Soler Gallart, Marta. II. Título.

CDU 372.41/.45

Catalogação na publicação: Mônica Ballejo Canto – CRB 10/1023

CONTEXTOS DE ALFABETIZAÇÃO INICIAL

Ana Teberosky | Marta Soler Gallart
& colaboradores

Tradução:
Francisco Settineri

Consultoria, supervisão e revisão técnica desta edição:
Helena Weisz
Mestranda em Teoria Literária pela USP

Reimpressão 2008

artmed®

2004

Obra originalmente publicada sob o título
Contextos de alfabetización inicial

© Editorial Horsori, 2003
ISBN 84-85840-97-6

Capa
Gustavo Macri

Preparação do original
Solange Canto Loguercio

Leitura final
Kátia Michelle Lopes Aires

Supervisão editorial
Mônica Ballejo Canto

Projeto e editoração
Armazém Digital Editoração Eletrônica – rcmv

Reservados todos os direitos de publicação, em língua portuguesa, à
ARTMED® EDITORA S.A.
Av. Jerônimo de Ornelas, 670 - Santana
90040-340 Porto Alegre RS
Fone (51) 3027-7000 Fax (51) 3027-7070

É proibida a duplicação ou reprodução deste volume, no todo ou em parte, sob quaisquer formas ou por quaisquer meios (eletrônico, mecânico, gravação, fotocópia, distribuição na Web e outros), sem permissão expressa da Editora.

SÃO PAULO
Av. Angélica, 1091 - Higienópolis
01227-100 São Paulo SP
Fone (11) 3665-1100 Fax (11) 3667-1333

SAC 0800 703-3444

IMPRESSO NO BRASIL
PRINTED IN BRAZIL
Impresso sob demanda na Meta Brasil a pedido de Grupo A Educação.

AUTORES

Ana Teberosky (org.) Catedrática de psicologia evolutiva da Universidade de Barcelona. Tem publicado pela Artmed Editora *Aprender a ler e a escrever*, com Teresa Colomer (2003); *Compreensão de leitura: a língua como procedimento*, com vários autores (2003); *Psicogênese da língua escrita*, com Emilia Ferreiro (1999).
Marta Soller Gallart (org.) Pesquisadora na Universidade de Barcelona.

Bárbara M. Brizuela Universidade de Tufts.
Claire Blanche-Benveniste Universidade Aix-en-Provence e École d'Hautes Études de Paris.
Cristina Martínez i Olivé Doutoranda.
Erik Jacobson Universidade de Massachusetts.
Mercè Garcia-Milà Universidade de Barcelona.
Natalia Frers Universidade de Barcelona.
Núria Ribera Universidade de Barcelona.
Victoria Purcell-Gates Universidade de Michigan.

SUMÁRIO

Apresentação 9
Ana Teberosky e Marta Soler Gallart

1. Situação da educação infantil na Espanha:
   perspectiva socioeconômica 13
   Natalia Frers

2. A alfabetização familiar: coordenação entre
   as aprendizagens da escola e as de casa 29
   Victoria Purcell-Gates

3. Leitura dialógica: a comunidade como
   ambiente alfabetizador 41
   Marta Soler Gallart

4. Contextos de alfabetização na aula 55
   Ana Teberosky e Núria Ribera

5. Primeiras escritas em segunda língua
   e contexto multilíngüe 71
   Ana Teberosky e Cristina Martínez i Olivé

6. Práticas de linguagem oral e alfabetização inicial
   na escola: perspectiva sociolingüística 85
   Erik Jacobson

7. Língua oral, gêneros e paródias 99
   Claire Blanche-Benveniste

8. Números e letras: primeiras conexões
entre sistemas notacionais 113
Bárbara M. Brizuela

9. Alfabetização "em" e "através das" ciências 131
Mercè Garcia-Milà

10. Alfabetização e tecnologia da informação
e da comunicação (TIC) 153
Ana Teberosky

Referências bibliográficas 165

APRESENTAÇÃO
Ana Teberosky
Marta Soler Gallart

A presente compilação de textos, que foram escritos especialmente para este volume pensando na prática educativa, tem como objetivo refletir sobre essa prática em termos de como é e de como poderia ser otimizada. O tema que unifica os diferentes capítulos refere-se aos contextos nos quais ocorre o processo de alfabetização inicial. A referência aos diferentes contextos de alfabetização constitui uma forte tomada de posição: por um lado, sua importância na etapa de educação infantil e, por outro, a necessidade de ampliar a perspectiva sobre o ensino, para além da instrução direta ou da simples exemplificação.

O âmbito da alfabetização inicial ampliou-se e mudou enormemente durante os últimos anos. A ampliação pode ser apreciada na incorporação de novos agentes sociais no processo de alfabetização: não apenas a escola, mas também a família e a comunidade se constituíram em contextos de ação alfabetizadora. As mudanças podem ser observadas na incorporação de novos alunos, meninos e meninas, de diferentes procedências étnicas, culturais e lingüísticas, que os processos migratórios familiares trouxeram para as instituições sociais. Por outro lado, as possibilidades e exigências da alfabetização mudaram, como conseqüência do desenvolvimento das tecnologias da informação e da comunicação das relações cada vez mais estreitas com outras áreas do conhecimento. Mas não apenas mudou o âmbito de atuação, devido aos novos agentes, alunos, relações interdisciplinares e recursos tecnológicos, mas também as áreas de investigação, tanto em um nível micro da dimensão psicológica e interpessoal, como em um nível macro da dimensão social e econômica, de modo que atualmente torna-se muito difícil para um pesquisador individual, ou para uma pequena equipe, abranger todo o seu conteúdo.

A constatação desse fato nos impulsionou a planejar o presente livro sobre os contextos da alfabetização e a convidar outros pesquisadores a participar dessa compilação. É evidente que, devido ao caráter coletivo da obra, o livro não apresenta a homogeneidade conceitual de uma obra individual. Porém, acreditamos que se ganhou em pluralidade. Sem pretender apresentar de forma exaustiva todo o amplo temário relacionado com a alfabetização inicial, tentamos fazer com que esses âmbitos estejam aqui representados. Também procuramos chegar a um equilíbrio entre dar resposta ao que consideramos necessidades dos profissionais de nosso ambiente educativo e incluir as perspectivas menos divulgadas, porque foram desenvolvidas e publicadas recentemente, em outros países.

O autor e as autoras convocados são especialistas nesses temas e, em cada capítulo, trataram de analisar como os diferentes contextos influenciam ou estão relacionados com a alfabetização. O livro se dirige a profissionais que têm interesse na alfabetização inicial, mas também a estudantes de magistério e de psicopedagogia. Foi organizado seguindo uma seqüência na apresentação dos diferentes contextos.

No capítulo 1, apresenta-se a educação infantil a partir de uma dimensão econômica e social. O objetivo de incorporar essa perspectiva econômica é pôr em destaque a importância dessa etapa educacional no desenvolvimento escolar dos alunos e seu valor como instrumento de compensação das desigualdades sociais.

Nos Capítulos 2 e 3, analisam-se a família e a comunidade, como contextos de alfabetização, a partir de uma perspectiva crítica com respeito à situação atual da escola. Nesses capítulos, valorizam-se os contextos de práticas letradas familiares e comunitárias nas quais se desenvolvem o menino e a menina, nos momentos iniciais da aprendizagem da alfabetização. Trata-se de uma perspectiva que, nos Estados Unidos, deu lugar a propostas alternativas de intervenção. No Capítulo 4, analisa-se a aula como contexto de atividades de aprendizagem, insistindo na necessidade de prepará-la para o melhor aproveitamento do aprendiz. A diversidade lingüística e cultural, como parte da realidade atual das comunidades e escolas, é tratada no Capítulo 5. Os Capítulos 4 e 5 compartilham uma perspectiva construtivista bastante difundida em nosso âmbito educacional. No Capítulo 6, também se coloca a questão das diferenças individuais e sociais com respeito à procedência cultural e lingüística. Esse tema é abordado em termos positivos, a partir de uma posição que procura ver a situação de contato entre línguas e culturas como uma boa ocasião de confrontar diferenças, a fim de promover a aprendizagem das propriedades da escrita, e como uma ocasião de desenvolver atitudes de aceitação e convivência lingüística para tirar o máximo proveito da diversidade.

No Capítulo 7, começa-se a analisar a relação entre a alfabetização e outras áreas do currículo. A partir da dimensão lingüística, apresenta-se o contexto da língua oral, em suas relações mais frutíferas com a aprendizagem inicial da língua escrita. Os Capítulos 8 e 9 tratam das relações da escrita com outros elementos de representação gráfica: a área da aprendizagem dos números e da aprendizagem de conceitos e procedimentos científicos. Para finalizar, no Capítulo 10, são consideradas quais as dimensões que as novas tecnologias da informação e da comunicação oferecem às crianças pequenas.

A importância que concedemos aos contextos não corresponde a um equilíbrio que menospreze o texto ou o processo de produção e interpretação. Ao contrário, acreditamos que há uma interação constante entre ambos os aspectos. A necessidade intelectual de aprender das crianças pequenas e sua sensibilidade às condições materiais e sociais do contexto, dos suportes, dos textos e dos usuários com os quais interagir, nos ensinaram duas coisas importantes: em primeiro lugar, a não separar, por um lado, o produto (o texto escrito ou lido) e, por outro, as condições e o contexto material e social de produção desse texto. Em segundo lugar, a não sustentar a importância de um contexto em si, mas para e pelo menino ou a menina que aprende.

SITUAÇÃO DA EDUCAÇÃO INFANTIL NA ESPANHA: PERSPECTIVA SOCIOECONÔMICA

Natalia Frers

INTRODUÇÃO

Durante muito tempo, os estudos em ciências econômicas e sociais analisaram a relação entre fatores de nível de renda, situação familiar, tipo de trabalho, tipo de bairro, etc., e o êxito escolar dos alunos e alunas. Nos últimos anos, a quantidade e a qualidade da educação recebida se incorpora não apenas como variável dependente, mas também como fator que influi para compensar as condições econômicas. Portanto, cada vez mais se vincula a educação às situações sociais e aos objetivos econômicos em uma relação de tipo recíproca. Assim, por exemplo, considera-se que a educação é uma fonte de crescimento econômico, um fator de redução da pobreza ou um instrumento de igualação da desigualdade social.

Dentro dessa concepção, a etapa de educação infantil ganhou importância entre as etapas educacionais, devido às vantagens que lhe são atribuídas, quando se avalia o êxito escolar posterior dos alunos, tanto com respeito à adaptação social como aos aspectos acadêmicos. Porém essa importância é ainda mais acentuada se forem consideradas as necessidades da família atual, em particular da mulher. Em uma sociedade na qual a família convencional – com o homem como provedor de renda e a mulher como dona de casa – está em processo de desaparição, deve haver alguma instituição encarregada da educação das crianças. Com efeito, no lugar da família convencional são cada vez mais abundantes os lares considerados atípicos: pessoas solteiras, famílias monoparentais e casais em que ambos os pais trabalham. Finalmente, nos últimos anos, aumentou a consideração da educação infantil como um instrumento de compensação para as crianças que provêm dos ambientes socioeconômicos qualificados como desfavoráveis.

Inicialmente, analisou-se apenas o fato de haver recebido educação pré-escolar; na atualidade, estão sendo considerados como fatores de mudança também a qualidade da educação, e não apenas a assistência, e a ampliação para dois ciclos de educação infantil, não somente o pré-escolar. Neste capítulo, apresentam-se os resultados de uma série de investigações no campo da economia que demonstram a importância da educação infantil nos âmbitos de sucesso individual e de compensação social e familiar. São também apresentados os dados da situação da educação infantil na Espanha e sua comparação com outros países da União Européia.

A IMPORTÂNCIA DA EDUCAÇÃO INFANTIL

Os estudos tradicionais sobre êxito e fracasso escolar, interpretados a partir da perspectiva da economia, levam em conta variáveis como o ambiente socioeconômico, o nível de estudos dos pais ou o acesso a níveis de renda elevados. Em uma extensa revisão de estudos sobre o efeito dessas variáveis, Haveman e Wolfe (1995) enumeram a seguinte série, que afeta os desempenhos dos meninos e das meninas:

- os filhos e as filhas de famílias pobres ou de baixa renda tendem a ter menos êxito no sistema escolar e no mercado de trabalho do que as crianças de famílias prósperas;
- os meninos e as meninas de uma família em que a mãe trabalha sofrem um efeito adverso sobre o êxito escolar (outros estudos discutem esse ponto);[1]
- o fato de crescer em uma família monoparental, com padrasto ou madrasta tem um efeito negativo sobre o êxito escolar;
- as situações de estresse durante a infância têm um amplo efeito negativo sobre vários indicadores do êxito infantil, e, finalmente,
- o fato de crescer em um "bom" bairro pressupõe um efeito positivo sobre o êxito escolar.

Na década de 1980, acrescenta-se um novo fator como variável importante no êxito escolar: a educação infantil. Embora a educação infantil como instituição seja anterior, a partir de então se leva em conta, nos estudos econômicos, que essa etapa de educação em idade precoce pode ter efeito sobre as conquistas dos meninos e das meninas. Posteriormente, acrescenta-se a esse efeito individual uma função social compensadora.

A crença do valor da educação na primeira infância, tanto individual como social, é sustentada por um primeiro estudo, que se inicia em 1962, com o projeto de pré-escolar Perry, em Ypsilanti, Michigan. Nesse projeto, foram examinados 123 meninos e meninas de um ambiente sociocultural baixo que, segundo tinha sido previsto, tinham elevadas probabilidades de fracasso escolar. Esses meninos e essas meninas foram distribuídos entre um grupo experimental que se inscrevia em um bom programa dentro de educação infantil e um grupo-controle que não recebia nenhuma educação pré-escolar. Foram realizadas análises regulares do desenvolvimento intelectual e social dessas crianças, desde os 4 anos de idade. O grupo experimental aumentou seu coeficiente de inteligência (medido pela prova de Stanford-Binet) em 27 pontos, no primeiro ano, enquanto no grupo-controle o coeficiente de inteligência médio aumentou apenas 4 pontos. À idade de 7 anos, o coeficiente de inteligência do grupo experimental havia se estabilizado entre 90-100, e do grupo-controle, entre 85-90.

Estudos semelhantes, em outros países, acharam resultados similares. Por exemplo, Osborn e Milbank (1992)[2] utilizaram dados de uma investigação longitudinal realizada na Grã-Bretanha com meninos e meninas nascidos na primeira semana de abril de 1970 e entrevistados aos 5 e 10 anos. De acordo com esse estudo, os meninos e as meninas que freqüentaram a educação infantil obtiveram melhores pontuações em todas as provas. Para estudar o efeito da educação infantil, esses autores introduziram diversos fatores de controle, como o nível sociocultural e econômico dos pais, o interesse destes na educação dos filhos, o tamanho da família e as mudanças nas circunstâncias familiares, no período entre os 5 e os 10 anos. Os resultados dessa investigação mostraram que os meninos e as meninas que compareciam às escolas infantis, públicas ou privadas, e ludotecas obtinham melhores resultados nas provas sobre capacidade cognitiva, verbal e matemática. Os resultados com respeito à conduta dos meninos e meninas foram menos conclusivos. O importante desse estudo é que a assistência a algum tipo de centro de educação infantil tem efeito sobre o rendimento de meninos e meninas. Com respeito à titularidade dos centros, embora alguns tenham dado resultados mais elevados, todos foram positivos.

Em relação à situação familiar, a variável mais estudada foi o trabalho da mãe. Feinstein e colaboradores (1999) introduziram essa variável, estabelecendo uma interação entre o trabalho da mãe e a participação das crianças na educação infantil. Segundo Feinstein e colaboradores, as vantagens da educação infantil diferem segundo os meninos e as meninas tenham uma mãe que trabalha ou uma que não trabalha.[3] Na investigação de Feinstein e colaboradores, foram utilizados os dados da mesma pesquisa longitudinal de Osborn e Milbank (BCS),[4] à qual acrescentaram os de uma pesquisa longitudinal anterior, de 1958 (NCDS).[5] Para evitar o excesso de variáveis dicotômicas, do tipo titularidade pública ou privada dos centros, Feinstein e colaboradores supunham que todas as formas de educação infantil têm o mesmo efeito sobre meninos e meninas. Em seu modelo, o rendimento dos meninos e das meninas, aos 7 anos, dependia das horas que passam nos centros escolares, das que passam com a mãe e das que passam com outro cuidador. Feinstein e colaboradores (1999) analisaram os resultados em provas de matemática, leitura e adaptação social e observaram que o tempo com a mãe e o tempo em instituições de educação infantil tinha um efeito positivo e significativo nos resultados das provas de matemática. A origem socioeconômica dos pais e seu nível de instrução tinham efeitos positivos nas provas de leitura. No caso da adaptabilidade social, a variável determinante era o nível de instrução do pai. O interesse dos pais pela educação de seus filhos era também uma variável importante, que provocava um aumento de 20% no resultado das provas. Também se observou que o tempo passado aos cuidados da mãe fazia com que as crianças obtivessem melhores resultados em vocabulário e em adaptabilidade social. Mas, em geral, a situação laboral da mãe não parecia um fator importante nos resultados de nenhuma das provas; em troca, o interesse dos pais era importante em todas as provas.

Esses autores observaram que havia essas influências parciais e, embora a educação continuasse sendo uma variável importante no êxito global em todas as provas, concluíram que sua influência era menor do que nos estudos anteriores. Dois fatores poderiam explicar a diminuição da influência positiva da educação infantil sobre os resultados nas provas de capacidade: sua generalização entre a população infantil e o descenso da qualidade da oferta educacional. Segundo esses autores, apesar de a generalização da educação infantil ser positiva, era necessário oferecer um serviço de qualidade, para que esta mostrasse seus efeitos.

As investigações antes resenhadas aludem basicamente ao segundo ciclo de educação infantil (3 a 5 anos). Mas, em uma reflexão sobre o efeito psicológico da educação infantil, Schaffer (1994) também faz referência à importância que pode ter o primeiro ciclo, de 0 a 3 anos. A conclusão desse autor é que, nos casos de meninos ou meninas de ambientes socioeconômicos chamados de desfavoráveis, a freqüência a creches é efetiva na prevenção do atraso no desenvolvimento. Também destaca a importância da qualidade da educação infantil sobre o desenvolvimento do menino ou da menina.

Baseando-se nos resultados do projeto Perry, Eurydice (1995) faz um informe, no qual destaca a importância da educação infantil como instrumento de compensação das diferenças socioculturais. Mostra que os meninos e as meninas provenientes de ambientes de minorias étnicas com educação pré-escolar têm mais êxito do que os que permaneceram em casa com suas famílias. Este fenômeno é devido ao fato de os alunos e as alunas compensarem os efeitos de seu ambiente social desfavorável, e de as expectativas positivas dos professores possuírem um efeito também favorável, porque influem inclusive nas expectativas dos pais. Segundo esse autor, a educação infantil tem efeitos benéficos a longo prazo, durante a educação fundamental e média.

Atualmente, a importância da segunda etapa de educação infantil está amplamente reconhecida, mas ainda se deve advogar pela primeira etapa, assim como por obter um ambiente educativo rico e estimulante em todas as escolas, dada a importância da qualidade no rendimento posterior. Por outro lado, como instrumento para diminuir a desigualdade social, a educação infantil pressupõe uma igualação de oportunidades educacionais. Os meninos e as meninas de classes sociais altas com ambientes socioeconômicos ricos têm, em geral, melhores resultados educativos. Mas a introdução da educação infantil para todos os meninos e as meninas pressupõe que, na determinação do êxito escolar, não só influiria o ambiente socioeconômico e o nível de instrução dos pais, mas a educação e a qualidade desta também determinariam os resultados escolares posteriores.

A EDUCAÇÃO INFANTIL NA ESPANHA

Legislação

A educação infantil não foi incluída na legislação espanhola até 1990, quando foi aprovada a Lei Orgânica de Ordenação Geral do Sistema Educativo (LOGSE). Na lei anterior, de 1970, Lei Geral de Educação (LGE), foi estabelecida a obrigatoriedade e gratuidade do ensino fundamental, dos 6 aos 14 anos. A LOGSE prolonga a escolaridade obrigatória geral e gratuita até os 16 anos, reorganiza os diferentes níveis de ensino e introduz a regulação e integração da educação pré-escolar no sistema educacional. Em seu preâmbulo, a LOGSE assinala que a educação permite avançar na luta contra a discriminação e a desigualdade, e, no artigo 3, estipula que a primeira etapa de educação geral é a infantil. No artigo 5, estabelece que a educação infantil compreenderá a faixa etária de 0 a 6 anos e contribuirá para o desenvolvimento físico, intelectual, afetivo, social e moral de meninos e meninas. Nesse mesmo artigo, estabelece que a educação infantil terá caráter voluntário, mas que as administrações públicas deverão garantir a existência de um número suficiente de estabelecimentos. Desde a LOGSE, a educação infantil é uma etapa necessária, embora não obrigatória. No artigo 10, a LOGSE estabelece:

> As administrações educacionais assegurarão uma atuação preventiva e compensatória, garantindo, em cada caso, as condições mais favoráveis para a escolarização infantil de todas as crianças cujas condições pessoais, pela procedência de um meio familiar de baixo nível de renda, por sua origem geográfica ou por qualquer outra circunstância, suponham uma desigualdade inicial para ter acesso à educação obrigatória e para progredir aos níveis posteriores.

A LOGSE põe em evidência a necessidade de prevenção e compensação das desigualdades durante a educação infantil. Porém deve-se destacar o caráter particular da educação infantil: sendo importante, embora não obrigatória, é situada em uma posição desfavorável em relação às etapas educacionais posteriores, que são obrigatórias até os 16 anos. Esse caráter voluntário implica a ausência de regulação clara a respeito de sua gratuidade, já que a lei estabelece que as administrações públicas deverão garantir um número de estabelecimentos suficientes, mas deixa aberta a possibilidade de que não sejam gratuitos todos os estabelecimentos demandados.

Evolução dos alunos

A evolução dos alunos de educação infantil não segue a tendência descendente, devido ao descenso da natalidade, de outras etapas educacionais – fato que atualmente se vê aumentado pelo fluxo de alunos de origem imigrante. Enquanto nos níveis posteriores, sobretudo no ensino fundamental, diminui de forma apreciável o número de alunos e alunas, na educação infantil há um aumento constante de matrículas. Essa situação põe em evidência que aumentou a participação na educação infantil. A partir do número de alunos e da população no grupo de idade teórico desse nível de ensino, calculam-se as taxas de escolaridade que são apresentadas a seguir. Na Tabela 1.1, aprecia-se o aumento constante do número de alunos e alunas matriculados em educação infantil. Na Tabela 1.2, observa-se a evolução das taxas de incremento e a diminuição interanual constante, que, no total do período considerado, mostra um descenso dos alunos em 16%.

Na análise dos dados totais, incluem-se tanto o descenso da natalidade como o aumento do número de alunos pela expansão na escolarização obrigatória e pelas mudanças na sociedade, que fomentam maiores níveis educativos. Por essa razão, são incluídos os dados do ensino fundamental, embora a comparação tampouco seja válida estritamente, porque parte dos alunos (primeiro ciclo da ESO[*]), que antes estavam na EGB,[**] passam, a partir da aplicação da LOGSE, a fazer parte do ensino médio. Não obstante, a inclusão dessas taxas permite observar a diferença de tendência entre o ensino fundamental e a educação infantil: na primeira, diminui de forma apreciável o número de alunos e alunas, enquanto na segunda há um aumento constante das matrículas.

Taxas de escolaridade

As taxas de escolaridade mostram que, no ensino fundamental, se alcançou 100% da escolarização, enquanto as taxas de escolarização infantil assinalam um aumento de 12 pontos percentuais. Não obstante, é de se destacar que ainda não se alcançou a escolarização de 100%, embora se considere tão-somente, nessas cifras, os meninos e as meninas entre 3 e 5 anos. O estudo do primeiro ciclo da educação infantil é mais complicado devido à dificuldade de se obter dados sobre esse período. Os dados mais atualizados correspondem ao curso de 1993-1994. Na Tabela 1.3, apresenta-se o número de alunos por idades em educação infantil.

---

[*]N. de R. ESO – Educação Secundária Obrigatória, corresponde no Brasil ao ensino médio.
[**]N. de R. EGB – Educação Geral Básica.

CONTEXTOS DE ALFABETIZAÇÃO INICIAL 19

TABELA 1.1 Evolução de alunos matriculados nos diferentes níveis de ensino

	1991-92	1992-93	1993-94	1994-95	1995-96	1996-97	1997-98	1998-99	1999 -2000(p)	2000 -01(a)
Todos os centros	8.238.161	8.118.456	8.051.040	7.864.884	7.667.516	7.495.588	7.309.096	7.128.251	6.965.380	6.887.096
E. Infantil/Pré-escolar	1.027.597	1.052.488	1.083.330	1.093.256	1.096.677	1.115.244	1.122.740	1.128.861	1.132.976	1.164.156
E. Fundamental/EGB	4.649.439	4.468.759	4.280.938	4.063.912	3.849.991	3.137.278	2.615.467	2.562.785	2.522.855	2.494.067
Educação Especial	38.099	35.120	32.687	31.787	30.043	28.536	28.437	27.711	25.876	27.124
Primeiro ciclo ESO	—	4.600	9.640	48.658	95.182	666.260	1.048.961	1.003.462	962.975	949.754
Segundo ciclo ESO	—	100.805	170.712	234.179	362.204	515.206	637.691	886.542	1.034.920	993.575
BUP e COU*	1.507.203	1.488.102	1.467.805	1.400.555	1.259.778	1.080.784	880.268	531.032	283.259	138.791
Bacharelado LOGSE	—	13.705	33.108	69.599	109.398	153.836	258.974	396.217	483.705	604.568
Centros públicos	5.483.430	5.454.650	5.499.740	5.414.850	5.311.569	5.210.587	5.075.308	4.911.974	4.758.253	4.672.443
E. Infantil/Pré-escolar	635.188	670.455	703.291	721.804	737.088	754.196	759.374	764.079	759.837	772.970
E. Fundamental/EGB	3.015.050	2.903.079	2.801.891	2.681.829	2.553.332	2.071.095	1.735.180	1.707.507	1.684.527	1.661.780
Educação Especial	19.653	17.768	16.278	15.487	15.036	13.694	13.886	13.821	12.654	13.260
Primeiro ciclo ESO	—	3.036	6.542	17.358	47.005	445.175	691.805	655.703	626.957	617.405
Segundo ciclo ESO	—	93.630	161.528	222.656	331.225	454.627	539.464	655.104	700.980	660.453
BUP e COU	1.082.054	1.070.103	1.068.601	1.019.855	901.847	751.384	587.103	345.664	182.560	89.711
Bacharelado LOGSE	—	11.481	30.215	64.852	102.554	144.715	232.283	335.611	403.626	473.267
Centros privados	2.754.731	2.663.806	2.551.300	2.450.034	2.355.947	2.285.001	2.233.788	2.216.277	2.207.127	2.214.653
E. Infantil/Pré-escolar	392.409	382.033	380.039	371.452	359.589	361.048	363.366	364.782	373.139	391.186
E. Fundamental/EGB	1.634.389	1.565.680	1.479.047	1.382.083	1.296.659	1.066.183	880.287	855.278	838.328	832.287
Educação Especial	18.446	17.352	16.409	16.300	15.007	14.842	14.551	13.890	13.222	13.864
Primeiro ciclo ESO	—	1.564	3.098	31.300	48.177	221.085	357.156	347.759	336.018	332.349
Segundo ciclo ESO	—	7.175	9.184	11.523	30.979	60.579	98.227	231.438	333.940	333.122
BUP e COU	425.149	417.999	399.204	380.700	357.931	329.400	293.165	185.368	100.699	49.080
Bacharelado LOGSE	—	2.224	2.893	4.747	6.844	9.121	26.691	60.606	80.079	131.201

*N. de R. Na Espanha, BUP – Bachillerato Unificado Polivalente. COU – Curso de Orientação Universitária.

TABELA 1.2 Taxas de incremento dos alunos do total dos centros e de educação infantil e fundamental

	Entre 1992-93 e 1991-92	Entre 1993-94 e 1991-92	Entre 1994-95 e 1993-94	Entre 1995-96 e 1994-95	Entre 1996-97 e 1995-96	Entre 1997-98 e 1996-97	Entre 1998-99 e 1997-98	Entre 1999 -2000(p) e 1998-99	Entre 2000 -01(a) e 1999 -2000(p)	Entre 2000 -01(a) e 1991-92
Todos os centros	**- 1,45** %	**- 0,83** %	**- 2,31** %	**- 2,51** %	**- 2,24** %	**- 2,49** %	**- 2,47** %	**- 2,28** %	**- 1,12** %	**- 16,40** %
E. Infantil/Pré-escolar	2,42 %	2,93 %	0,92 %	0,31 %	1,69 %	0,67 %	0,55 %	0,36 %	2,75 %	13,29 %
E. Fundamental/EGB	- 3,89 %	- 4,20 %	- 5,07 %	- 5,26 %	- 18,51 %	- 16,63 %	- 2,01 %	- 1,56 %	- 1,14 %	- 46,36 %

(a) Dados antecipados. (p) Dados provisórios. Nota esclarecedora: não são incluídos na tabela, mas são levados em conta, no cálculo do total de alunos, os seguintes ensinos: bacharelado experimental, BUP e COU a distância, bacharelado LOGSE a distância, Formação Profissional I, Formação Profissional II, Ciclo Formativo Grau Médio/ Módulos II, Ciclo Formativo Grau Superior/Módulos III, programas de garantia social, C. Formação/Módulos, profissional a distância.
Fonte: MEC (2001a) e MEC (2001b)

TABELA 1.3 Porcentagem total de alunos matriculados em cada etapa de ensino em centros públicos ou privados

TOTAIS	1991-92	1992-93	1993-94	1994-95	1995-96	1996-97	1997-98	1998-99	1999-2000(p)	2000-01(a)
E. Infantil/Pré-escolar Total	**1.027.597**	**1.052.488**	**1.083.330**	**1.093.256**	**1.096.677**	**1.115.244**	**1.122.740**	**1.128.861**	**1.132.976**	**1.164.156**
E. Fundamental/EGB Total	4.649.439	4.468.759	4.280.938	4.063.912	3.849.991	3.137.278	2.615.467	2.562.785	2.522.855	2.494.067
E. Médio	1.633.432	1.676.179	1.774.673	1.837.699	1.901.341	2.491.807	2.882.152	2.853.215	2.790.292	2.703.486
E. Infantil/Pré-escolar Públicos	**635.188**	**670.455**	**703.291**	**721.804**	**737.088**	**754.196**	**759.374**	**764.079**	**759.837**	**772.970**
E. Fundamental/EGB Pública	3.015.050	2.903.079	2.801.891	2.681.829	2.553.332	2.071.095	1.735.180	1.707.507	1.684.527	1.661.780
E. Médio Público	1.186.318	1.231.651	1.345.980	1.395.562	1.444.758	1.859.791	2.101.418	2.028.044	1.939.556	1.857.634
E. Infantil/Pré-escolar Privados	**392.409**	**382.033**	**380.039**	**371.452**	**359.589**	**361.048**	**363.366**	**364.782**	**373.139**	**391.186**
E. Fundamental/EGB Privada	1.634.389	1.565.680	1.479.047	1.382.083	1.296.659	1.066.183	880.287	855.278	838.328	832.287
E. Médio Privado	447.114	444.528	428.693	442.137	456.583	632.016	780.734	825.171	850.736	845.852

PORCENTAGENS

	1991-92	1992-93	1993-94	1994-95	1995-96	1996-97	1997-98	1998-99	1999-2000(p)	2000-01(a)
E. Infantil/Pré-escolar Públicos	**61,81 %**	**63,70 %**	**64,92 %**	**66,02 %**	**67,21 %**	**67,63 %**	**67,64 %**	**67,69 %**	**67,07 %**	**66,40 %**
E. Infantil/Pré-escolar Privados	**38,19 %**	**36,30 %**	**35,08 %**	**33,98 %**	**32,79 %**	**32,37 %**	**32,36 %**	**32,31 %**	**32,93 %**	**33,60 %**
E. Fundamental/EGB Pública	64,85 %	64,96 %	65,45 %	65,99 %	66,32 %	66,02 %	66,34 %	66,63 %	66,77 %	66,63 %
E. Fundamental/EGB Privada	35,15 %	35,04 %	34,55 %	34,01 %	33,68 %	33,98 %	33,66 %	33,37 %	33,23 %	33,37 %
E. Médio Público	72,63 %	73,48 %	75,84 %	75,94 %	75,99 %	74,64 %	72,91 %	71,08 %	69,51 %	68,71 %
E. Médio Privado	27,37 %	26,52 %	24,16 %	24,06 %	24,01 %	25,36 %	27,09 %	28,92 %	30,49 %	31,29 %

(a) Dados antecipados. (p) Dados provisórios. Nota esclarecedora: não são incluídos na tabela, mas são levados em conta, no cálculo do total de alunos, os seguintes ensinos: Bacharelado Experimental, BUP e COU a distância, Bacharelado LOGSE a distância, Formação Profissional I, Formação Profissional II, Ciclo Formativo Grau Médio/ Módulos II, Ciclo Formativo Grau Superior/Módulos III, programas de garantia social, C. Formação/Módulos, profissional a distância.

Fonte: MEC (2001a) e MEC (2001b).

Titularidade

Na Tabela 1.4, aprecia-se que, para os níveis da educação infantil abaixo dos 3 anos, a maioria da prestação do serviço é privada. Observa-se também um aumento considerável do número de alunos a partir dos 3 anos: a mudança dos 2 aos 3 anos pressupõe um aumento de 395% do número de alunos e alunas, e, aos 5 anos, esse número foi multiplicado por 2.

Os dados de taxas de escolarização pública e privada também apresentam duas tendências diferenciadas: (1) o primeiro ciclo de educação infantil está basicamente coberto pela educação privada (em 60%), (2) enquanto o segundo ciclo está majoritariamente coberto pela educação pública (em 65%).

GRÁFICO 1.1 Evolução do número de alunos matriculados nos diferentes níveis de ensino

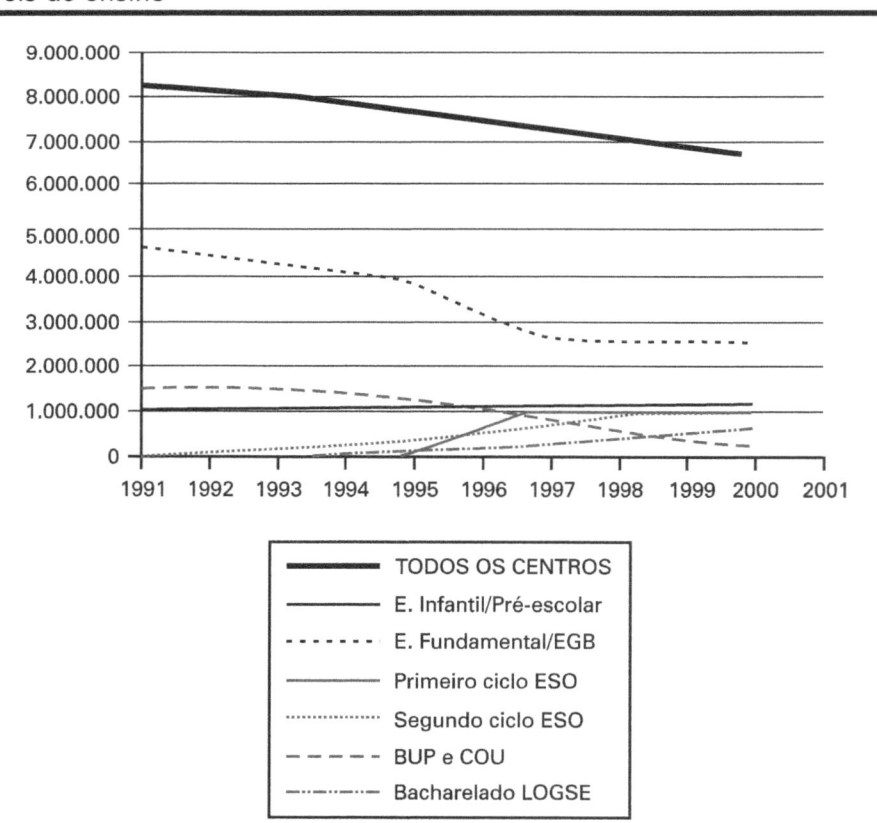

Fonte: Elaboração própria a partir dos dados do MEC (2001a) e MEC (2001b).

TABELA 1.4 Taxas brutas de escolaridade por nível de ensino

	1991-92	1992-93	1993-94	1994-95	1995-96	1996-97	1997-98	1998-99	1999 -2000(p)	2000 -01(p)
E. Infantil/Pré-escolar(1) (3-5 anos)	80	83,3	86,3	87,2	87,7	89,3	91	91,5	91	92,4
E. Fundamental, EGB e Primeiro ciclo ESO (2) (6-13 anos)	109,3	110,2	110,7	111	110,7	110,6	109,7	109,1	108,7	109,1
E. Médio e F. Profissional (3) (14-18 anos)	76,3	78,5	83	85	87,3	89,5	91,7	92,8	93,9	95,5

Definição: É a relação entre o total dos alunos, de qualquer idade, matriculados no ensino considerado, e a população do grupo de "idade teórica", que está determinado pela idade de admissão e a duração normal do ensino.

(1) Nesse nível, calculou-se a taxa líquida de 3-5 anos.
(2) Obtêm-se valores superiores a 100, devido à inclusão de alunos de 14 e 15 anos (não contemplados no grupo de "idade teórica").
(3) Incluem-se os alunos de Segundo Ciclo de ESO, BUP e COU (presencial e a distância), Bacharelado. Experimental, Formação Profissional, Ciclos Formativos/Módulos Profissionais (presencial e a distância) e programas de garantia social.

Fonte: MEC (2001).

Essa mudança de tendência põe em evidência a falta de cobertura pública dos primeiros anos de educação infantil. Além disso (3), a evolução mostra um aumento da taxa de escolaridade em todas as idades (exceto daquelas que já alcançaram 100%).

Em resumo, na Espanha, o segundo ciclo da educação infantil possui uma ampla cobertura pública, similar à das etapas posteriores da escolarização, e alcança taxas de escolarização muito elevadas. O primeiro ciclo apresenta taxas de escolarização mais baixas e uma menor cobertura pública, que pode ser a razão da baixa taxa de escolaridade dessa etapa.

O aumento da participação em educação, apreciado de forma notável nos anos 1990, é resultado também das demandas da sociedade. No final do século XX, nos deparamos com a passagem de uma sociedade industrial a uma sociedade da informação e do conhecimento, na qual é importante poder ter acesso e saber selecionar a informação. Para isso, a educação se converte na chave do êxito social. Fale-se de conceitos como "aprender a aprender", de "aprendizagem ao longo do ciclo vital", de "educação continuada", etc., já não é suficiente aprender alguns poucos conhecimentos e habilidades para o futuro. Os meninos e as meninas têm que estar bem preparados para continuar aprendendo, de uma forma dinâmica e flexível, em diferentes contextos formais e informais. Todos os estudos assinalam que os anos iniciais são tão importantes como a escolarização posterior e que os primeiros repercutem nos segundos. Além disso, na sociedade do conhecimento, não apenas o acesso à educação, mas o êxito escolar (ter titulação acadêmica) é chave para a não-exclusão social.

A EDUCAÇÃO INFANTIL NO CONTEXTO DA UNIÃO EUROPÉIA

A educação infantil possui um estatuto legal similar em todos os países da união européia: é uma etapa de assistência voluntária, é obrigatória tão-somente em Luxemburgo. A idade de início da educação infantil varia nos diferentes países. Por exemplo, na Espanha, na Finlândia, na Dinamarca e na Suécia é iniciada entre os 3 e os 12 meses da criança; na França começa aos 2 anos; na Bélgica, aos 2 anos e meio e, no resto dos países europeus, a partir dos 3 anos, com a exceção de Luxemburgo – aos 3 anos e meio –, Grécia e os Países Baixos, nos quais se inicia aos 4 anos. A duração dessa etapa educacional depende da idade de início do ensino fundamental. Espanha e Suécia apresentam as durações mais longas, de seis anos, enquanto Irlanda do Norte e Holanda as mais curtas, um ano de duração.

A Espanha apresenta uma taxa de escolaridade acima da média européia aos 3 anos e praticamente 100% aos 4 e 5 anos; motivo pelo qual a educação infantil tem uma boa situação com respeito a seu entorno. Embora a Espanha não tenha se incorporado à União Européia até 1986, pode-se estudar a evolução histórica comparativa da educação infantil desde os anos de 1960 nos países da União Européia para os quais haja dados. Na Tabela 1.5, são mostrados esses dados. Nessa tabela, observa-se a evolução ascendente da educação infantil na Espanha desde os anos de 1960. Nos anos de 1960, havia uma taxa de escolaridade infantil de 34% aos 4 anos e, em 1997, essa taxa era de 100%. Essa evolução situa a Espanha acima da média européia, a partir de 1996, quando seu ponto de partida era uma das taxas de escolaridade mais baixas da União Européia.

TABELA 1.5 Alunos matriculados em educação infantil por idade e tipo de centro, em totais e porcentagens, 1993-94

	Total	Pública	Privada	% Pública	% Privada
<1 ano	3.178	1.400	1.778	44,05%	55,95%
1 ano	15.534	6.248	9.286	40,22%	59,78%
2 anos	41.962	15.103	26.859	35,99%	64,01%
3 anos	207.821	119.085	88.736	57,30%	42,70%
4 anos	395.122	273.508	121.614	69,22%	30,78%
5 anos	419.713	287.947	131.766	68,61%	31,39%
Total geral	1.083.330	703.291	380.039	64,92%	35,08%

Fonte: MEC (1994)

Na Tabela 1.6, apresenta-se o cálculo da duração média e teórica da educação infantil nos países da União Européia. Nesse cálculo, vê-se que a diferença média entre a duração média e a teórica da educação infantil na União Européia é 0,78 anos, e essa diferença, na Espanha, é de apenas 0,3 anos. Assim, apesar de a Espanha não alcançar 100% da escolarização infantil, sua duração média está claramente acima da média da União Européia.

Finalmente, o número de alunos por professor, apresentado na Tabela 1.7, é um dos indicadores mais utilizados para avaliar a qualidade dos centros educacionais. Nessa tabela, observa-se que na Espanha o número de alunos é de 25 por professor. Junto com Grécia, Irlanda, Itália, Luxemburgo, Áustria e Portugal, a Espanha está acima da média da União Européia, que é de 21,45 por professor.

Em resumo, na Espanha, a educação infantil tem uma ampla cobertura, em comparação com os países da União Européia. Mas, se aplicarmos um dos indicadores de qualidade educativa mais utilizados, que é o número de alunos por professor, a Espanha está acima da média européia. Isso poderia indicar que, na Espanha, a qualidade média da educação infantil está abaixo da média da União Européia.

TABELA 1.6 Taxa de escolaridade da educação infantil por idade e tipo de centro, em totais e porcentagens, 1993-94

	Total	Pública	Privada	População	Taxa escolaridade Pública	Taxa escolaridade Privada	Taxa escolaridade total	Taxa escolaridade total 1996-97	Taxa escolaridade total 1998-99
<1 ano	3.178	1.400	1.778	388.910	0,36%	0,46%	0,82%	2%	
1 ano	15.534	6.248	9.286	393.452	1,59%	2,36%	3,95%	6%	
2 anos	41.962	15.103	26.859	391.253	3,86%	6,86%	10,73%	13%	
3 anos	207.821	119.085	88.736	392.912	30,31%	22,58%	52,89%	66,80%	75,4%
4 anos	395.122	273.508	121.614	397.352	68,83%	30,61%	99,44%	99,27%	98,2%
5 anos	419.713	287.947	131.766	405.338	71,04%	32,51%	103,55%	101,55%	100%
Total geral	1.083.330	703.291	380.039	2.369.217	29,68%	16,04%	45,73%	48%	

Nota: A taxa de escolaridade apresentada na Tabela 1.4 é a das crianças de 3, 4 e 5 anos, que, neste caso, seria de 85,53%, ligeiramente inferior devido à diferença da população total considerada. Os dados da taxa de escolaridade de 1993-1994 e 1998-1999 foram obtidos do CIDE (2000) e MEC (2001a), respectivamente, mas apresentam tão-só as porcentagens.

Fonte: Elaboração própria a partir dos dados do MEC (1994), MEC (2001a) e MEC (2001b), estatísticas de população do Instituto Nacional de Estatística INE e CIDE (2000).

TABELA 1.7 Taxas de escolaridade das crianças de 4 anos de idade em centros de educação infantil com orientação educacional desde 1960 até 1997

	1960	1970	1980	1990	1996	1997
Bélgica	92	100	100	99	100	100
Dinamarca	(:)	36 (1973)	54	74	79	80
Alemanha	(:)	(:)	65	71	71	81
Grécia	(:)	(:)	38	51	54	56
Espanha	34	43	69	95	100	99
França	63	87	100	100	100	100
Irlanda	(:)	(:)	54	55	54	54
Itália	(:)	(:)	(:)	(:)	(:)	93
Luxemburgo	43	65	94	94	100*	100*
Holanda	71	86	96	98	97	99
Áustria	(:)	29	57	66	71	72
Portugal	(:)	(:)	18	46	55	55
Finlândia	(:)	16 (1975)	18	26	29	36
Suécia	(:)	(:)	28	48	57	63
Reino Unido	(:)	(:)	83	91	93	94

Fonte: Eurydice (2000b).

Notas complementares
Bélgica: as cifras anteriores a 1980 são representadas mediante uma linha de pontos, já que correspondem apenas às crianças matriculadas em escolas infantis (écoles maternelles/kleuteronderwijs) independentemente de sua idade.
Grécia: incluídas somente as crianças entre 3 e 4 anos de idade, em escolas infantis do setor público.
Irlanda: não se incluem os alunos que assistem a certos centros privados.
Luxemburgo: as cifras são representadas mediante uma linha de pontos, já que as porcentagens incluem as crianças de 4 e 5 anos de idade matriculadas.
Reino Unido (E): as cifras incluem as crianças em escolas infantis, classes infantis em centros de ensino fundamental, centros escolares especiais e centros escolares independentes.

CONCLUSÕES

Neste capítulo, apresentou-se uma série de estudos que avaliam a introdução da educação infantil como instrumento para a igualação de oportunidades educativas, no caso de meninos e meninas de ambientes socioeconômicos chamados de desfavoráveis. Nesses estudos, também se estabelece que a generalização da educação infantil não é suficiente, além disso é necessário que esta seja de qualidade. Os dados da Espanha mostram que o segundo ciclo da educação infantil alcança taxas de escolarização muito elevadas e que tem uma ampla cobertura pública. Em troca, o primeiro ciclo apresenta taxas de escolarização mais baixas, com uma menor cobertura pública. Em comparação com os países da União Européia, a Espanha tem uma ampla escolarização infantil; não obstante, há indicadores de que a qualidade média da educação infantil está abaixo da média da União Européia.

Para que a educação infantil cumpra sua função de igualação de oportunidades, é necessário oferecer estabelecimentos públicos suficientes, em seus dois ciclos, e garantir um serviço de qualidade. No caso espanhol, o número de estabelecimentos públicos é suficiente no segundo ciclo de educação infantil, que apresenta taxas de escolaridade pública e privada similares às das etapas posteriores. Não obstante, a situação do primeiro ciclo de educação infantil não é tão favorável. Os estabelecimentos do primeiro ciclo são cobertos majoritariamente pelos centros privados. Para garantir a função compensadora da educação infantil, seria necessário que esse ciclo tivesse uma maior cobertura pública. Por outro lado, a oferta de estabelecimentos públicos de primeiro ciclo também serviria para facilitar a incorporação das mulheres ao mercado de trabalho (na Espanha, a taxa de atividade feminina é ainda baixa) e para facilitar a maternidade às mulheres que já participam ativamente do mercado de trabalho (a Espanha tem o número médio de filhos por mulher mais baixo da Europa). Além disso, seria necessário estudar com vários indicadores a qualidade dos centros de educação infantil, a fim de verificar se o indicador principal de qualidade educacional, a razão alunos-professor, que é mais elevada que a média da União Européia, se vê confirmada pelos outros indicadores.

Em resumo, a situação da educação infantil na Espanha melhorou muito nos últimos anos, já que teve o maior crescimento de toda a União Européia, e foram alcançadas taxas de escolaridade muito elevadas. Dado o caráter voluntário dessa etapa educacional, não seria necessário que alcançasse 100% da escolarização, como nas outras etapas, mas se melhoraria a situação do primeiro ciclo com o aumento da oferta de estabelecimentos públicos. Dada a importância que se confere à qualidade da educação infantil, de acordo com todos os estudos mais recentes, seria necessário estabelecer medidas de controle da qualidade, tendo em conta não apenas a razão de alunos por professor, mas também a metodologia, o ambiente escolar, a utilização de novas tecnologias de informação e comunicação, etc., assim como também seria conveniente fixar padrões educacionais que garantam a qualidade dos centros de educação infantil.

NOTAS

1. Por exemplo, Schaffer (1994).
2. Essa data corresponde à publicação em espanhol (a publicação original é de 1987): Osborn, A. F.; Milbank, J. E. (1992), *Efectos de la Educación Infantil*, Madri: La Muralla.
3. Feinstein e colaboradores (1999) destacam a possível existência de um viés endógeno, pela relação dessas variáveis, e utilizam a localização como variável instrumental para evitar a endogeneidade.
4. *British 1970 Cohort Study*.
5. *National Child Development Study (1958 cohort)*.

A ALFABETIZAÇÃO FAMILIAR: COORDENAÇÃO ENTRE AS APRENDIZAGENS DA ESCOLA E AS DE CASA[1]

Victoria Purcell-Gates

INTRODUÇÃO

Atualmente, a alfabetização familiar é um dos principais focos da educação infantil. Depois de anos de investigação sobre a alfabetização inicial e as práticas familiares, hoje estão sendo dados passos para uma melhoria do ensino que inclui as aprendizagens de casa, através de medidas de intervenção educativa mais ou menos acertadas, que abriram um caminho necessário, no qual ainda nos restam milhas por percorrer.

As práticas familiares relacionadas com a leitura e a escrita existiram durante muitos séculos, em lares e comunidades, mas é apenas durante as últimas décadas que o estudo dessas práticas se converteu, para acadêmicos, políticos e investigadores, em um campo-chave para a educação e o desenvolvimento das habilidades básicas. De repente, o comum se converteu em extraordinário e especial, e o tema da alfabetização familiar reclamou uma atenção e preocupação nacionais, por exemplo em países como os Estados Unidos. A coordenação entre as aprendizagens que se realizam fora do marco escolar (antes e durante os anos de escolarização inicial) e as que se desenvolvem dentro das aulas passou a ser um aspecto necessário para assegurar um processo de alfabetização baseado em máximos. A escola não pode trabalhar de costas ao que ocorre nos lares dos meninos e das meninas: sabemos cientificamente que as interações alfabetizadoras no seio familiar são cruciais para suas aprendizagens e, portanto, é necessário realizar ações educativas orientadas para esse fim. Assim, foi surgindo, nos Estados Unidos, uma diversidade de programas de intervenção educativa, centrados especificamente nas interações entre meninos e meninas e seus familiares. Alguns se baseiam na formação de familiares para a aprendizagem de estratégias que ajudem a seus filhos e filhas e para seu próprio desenvolvimento pessoal; outros priorizam o fomento de atividades intergeracionais, mas o objetivo de todos é o êxito escolar dos meninos e das meninas por meio da implicação familiar. Não obstante, entre os diferentes programas, encontramos um amplo leque de projetos e orientações pedagógicas que, a longo prazo, podem chegar a obter mais ou menos êxito entre famílias mais ou menos acadêmicas.

Neste capítulo, tentaremos abordar esses temas sob uma perspectiva crítica, primeiro descrevendo o que é a alfabetização familiar e como foi analisado, a partir da investigação, o papel das famílias no desenvolvimento da leitura e da escrita. Depois, refletiremos sobre o que significa para a escola e para a aprendizagem escolar da leitura e da escrita, para passar a analisar que tipo de programas estão sendo institucionalizados atualmente e suas diferentes faces, em relação com o que pretendem e os efeitos que provocam. Em todo momento, nossa reflexão girará em torno da melhoria do processo de alfabetização inicial para todos os meninos e meninas, sem nenhuma discriminação.

A FAMÍLIA COMO FUNDAMENTO DO DESENVOLVIMENTO DA LINGUAGEM E DA ALFABETIZAÇÃO

A investigação sobre desenvolvimento infantil começou a despontar e adquirir relevância em educação nos anos de 1960, à medida que as teorias comportamentalistas eram superadas, e aumentavam as teorias sobre a aprendizagem social. Foram documentados intercâmbios concretos entre meninos e meninas e seus contextos sociais na formação de habilidades cognitivas e lingüísticas que eram centrais para a aprendizagem posterior. Com base nesses estudos, surgiu nos Estados Unidos uma variedade de projetos de intervenção em educação infantil, como *Head Start,* financiados pelo governo federal.

Muitos estudos também foram enfocados na análise da relação entre o nível socioeconômico e o rendimento escolar dos meninos e meninas, sobretudo porque era necessário desvelar os processos que levavam as famílias de baixo nível socioeconômico ao fracasso escolar. Os resultados das investigações foram mostrando que o nível socioeconômico, analisado em separado de fatores específicos do lar, acabava sendo um indicador fraco. Na realidade, as práticas letradas de casa – que, por sua vez, variavam segundo o nível socioeconômico – eram as que melhor explicavam as diferenças em relação ao rendimento escolar, o coeficiente intelectual e o desenvolvimento da linguagem. A partir desse momento, o foco de psicólogos, lingüistas e educadores começou a girar em torno da alfabetização e das práticas letradas no seio familiar, tais como a leitura de contos. A família e o lar eram oferecidos como algo promissor na busca para entender melhor o desenvolvimento da linguagem e da alfabetização como índices específicos de rendimento escolar.

Ao longo desse processo, muitos estudos insistiram na importância de fatores como o nível de instrução dos pais e das mães, a utilização de materiais escritos e a escrita em tarefas domésticas, o número de livros que se lêem na casa e a freqüência de leitura de contos com os filhos e as filhas em relação ao nível de aprendizagem da leitura na escola (Feitelson e Goldstein, 1986; Hiebert, 1981; Snow et al., 1991). Assim, no final dos anos de 1970 e de 1980, diferentes autores do campo do desenvolvimento infantil defendiam que, em sociedades letradas, todos os meninos e todas as meninas sabem algo sobre a escrita antes de começar a escola, dado que todos mantêm numerosas experiências e intercâmbios com a língua escrita em seus meios sociais antes de chegar ao centro escolar (Teale e Sulzby, 1986). Essa afirmação converteu-se, em seguida, em um princípio da perspectiva da alfabetização inicial (ou emergente) e contribuiu para sua consolidação como campo de estudo.

De qualquer modo, a investigação sobre alfabetização inicial, realizada a partir de uma perspectiva sociocultural, demonstrou que as aprendizagens da linguagem escrita realizada pelos meninos e pelas meninas antes da escolarização não são sempre as mesmas, porque estão limitadas pelas formas com que as pessoas de suas famílias e comunidades sociais usam a escrita (Heath, 1983; Purcell-Gates, 1995; Cochran-Smith, 1995; Taylor e Dorsey-Gaines, 1988). Os meninos e as meninas aprendem sobre a natureza, as características e as formas lingüísticas que se utilizam nos ambientes culturais com os quais se relacionam. Assim, enquanto participam de atividades e interações alfabetizadoras em suas casas e comunidades, aprendem: a escrita como um signo lingüístico; as formas com que a escrita representa significados; o "código" escrito e as convenções para codificar e decodificar a escrita.

A afirmação generalizadora sobre a alfabetização de que todos os meninos e as meninas têm experiências com a língua escrita em seu ambiente familiar e social foi também rebatida por Purcell-Gates (1995), com um estudo etnográfico de uma família não-alfabetizada que vivia e trabalhava nessa sociedade "letrada" que teoricamente socializava os pequenos nas convenções da escrita. Com base em dados recolhidos mediante observação, entrevistas, processos de instrução e avaliação durante dois anos, nos quais ensinou e se relacionou com a mãe e o filho mais moço da família, Purcell-Gates chegou à conclusão de que a escrita é um "fenômeno" do mundo que deve ser experimentado em uso, para poder ser reconhecida como semiótica e utilizada para o desenvolvimento de conceitos e habilidades. Este estudo reforça a tese de que o lar é um lugar essencial para a aprendizagem da escrita e da leitura por parte dos meninos e das meninas, mas também nos adverte de que não podemos dar por feitas certas práticas letradas – já que a maioria das famílias de nossos centros não possuem uma educação formal – nem evitar a necessidade de coordenar as aprendizagens familiares e escolares.

A partir dessa perspectiva, outros autores do campo da alfabetização inicial se preocuparam pelas diferenças entre as experiências iniciais de meninos e meninas de famílias altamente alfabetizadas e pouco alfabetizadas e, por um momento, centrar-me-ei neles. Fitzgerald, Spiegel e Cunningham (1991) exploraram as idéias e crenças que tinham familiares com diferentes níveis de alfabetização sobre a aprendizagem precoce da leitura e da escrita, um tema de importância central no estabelecimento e êxito das intervenções de alfabetização familiar. Foram entrevistados 108 pais e mães de filhos que cursam educação infantil e lhes foi passada uma prova de leitura e escrita. A análise com MANOVA e regressão múltipla revelou que todos os pais e mães estavam de acordo com a idéia de que a alfabetização começa na etapa pré-escolar, mas, aprofundando a análise, apareciam diferenças. Por um lado, os familiares pouco alfabetizados, sem formação acadêmica superior, davam mais importância a ter livros em casa e outros artefatos dirigidos às habilidades leitoras. Em troca, os familiares altamente alfabetizados, com formação acadêmica superior, viam a alfabetização inicial mais como uma prática cultural e davam mais importância à modelagem de comportamentos em relação à leitura. Sua conclusão foi que havia um grande desnível entre aqueles que entendiam a leitura e a escrita mais como a aprendizagem de certas destrezas, a desenvolver basicamente na escola, e aqueles que as viam como transmissão cultural, alcançada de forma indireta e implícita, tanto nas casas e comunidades como na escola. Outros estudos, como o de Neuman (1996), com mães adolescentes de minorias culturais, Baker (2001), com famílias de classe média e baixa, e o famoso estudo de Heath (1983), em três populações cultural e socioeconomicamente diferentes, chegaram a conclusões similares.

INTERAÇÕES NO CONTEXTO DA FAMÍLIA

As investigações realizadas a partir de diferentes disciplinas sobre a alfabetização familiar se centraram no estudo de conceitos particulares, habilidades e atitudes relevantes para a aprendizagem da leitura e da escrita, que se aprendem no contexto de casa e como resultado de interações alfabetizadoras específicas entre os membros da família. A seguir, recolhemos as contribuições de diferentes estudos sobre as aprendizagens relacionadas com o mundo escrito e as interações que contribuem para a construção desses conhecimentos.

a) Conhecimento de registros escritos

A linguagem que se lê, quando se lêem livros e textos escritos de diferentes gêneros, não é a mesma linguagem que se fala ou se escuta. A linguagem escrita difere da oral de forma específica e identificável (Chafe e Danielewicz, 1986). Desse modo, para estimular pessoas leitoras e escritoras, é necessário aprender os diferentes registros lingüísticos dos textos escritos que se lerão e escreverão. A linguagem escrita difere da oral, ao longo de um contínuo que reflete o grau de descontextualização e formalidade, assim como estilo de gênero. Suas diferenças estão marcadas principalmente nos níveis sintático e léxical, já que os textos escritos apresentam diferentes padrões sintáticos e vocabulário específico. De fato, as meninas e os meninos pequenos aprendem esses registros por tê-los lido previamente. Nesse sentido, propõe-se a necessidade de aprender através da prática com o registro escrito: não é suficiente a presença da escrita no ambiente do menino ou da menina, como o é no caso da língua oral para aprender a falar, é necessário participar nas práticas letradas.

A leitura de contos é a prática familiar que se percebe mais relacionada com o êxito escolar de meninos e meninas em sua aprendizagem da leitura e da escrita. Por esse motivo, é uma das mais recomendadas aos pais e às mães que participam de programas de alfabetização familiar. Porém, devemos sublinhar que a complexa aprendizagem da linguagem que emana dessas práticas de leitura compartilhada em casa vai além do domínio afetivo ao qual tradicionalmente foram associadas.

b) Conhecimento de vocabulário e linguagem

Vários dos estudos anteriormente citados notaram uma diferença entre conhecimento de vocabulário e utilização desse vocabulário em registros escritos (por exemplo, é diferente o resultado da pretendida leitura de textos novos e a releitura de textos familiares dos quais já se conhece a organização e seqüência do texto e seu conteúdo). Por outro lado, também se produz o processo contrário: foi demonstrado que a prática da leitura influi no aumento de vocabulário. A leitura de contos provoca a aprendizagem de palavras novas, introduzindo palavras de baixa freqüência no repertório léxico do menino ou da menina. Por exemplo, Crain-Thoreson e Dale (1999), em um estudo sobre a leitura de contos, concluíram que a freqüência de leitura de contos aos 2 anos de idade era um dos melhores indicadores do domínio posterior da linguagem, medido em conhecimento de sintaxe e vocabulário aos 12 anos (embora, diante de tais resultados, nos parece razoável questionar até que ponto foram controladas variáveis tais como a escolarização posterior, a socialização entre iguais ou as mudanças sócio-históricas no ambiente dos meninos e das meninas do estudo). Sénéchal e outros (1997) encontraram diferenças significativas entre o nível de participação do menino ou da menina durante o tempo de leitura: os meninos e as meninas que só escutavam mostravam um nível de compreensão e produção de palavras novas menor do que aqueles que participavam ativamente, entabulando diálogos, assinalando e pondo etiquetas nos objetos e imagens do conto.

c) Conhecimento da escrita

Enquanto se assumia que esse conhecimento crescia por meio das interações com a escrita, houve relativamente pouca investigação que explorou esse fato diretamente. A literatura existente sugere que o conhecimento da escrita resulta de enfocar-se explicitamente no ensino, por parte dos pais, no contexto das atividades letradas familiares (Baker et al., 1996).

Partindo do pressuposto anterior de que os lares diferentes realizam práticas letradas que se constituem em experiências distintas de alfabetização inicial, Purcell-Gates (1996) realizou um estudo centrado em famílias de nível socioeconômico baixo. O estudo se baseou em uma observação participante de 20 famílias e uma avaliação da aprendizagem da leitura e da escrita de seus meninos e meninas. A avaliação pretendia captar a aprendizagem de leitura e escrita em suas casas, com tarefas de alfabetização inicial que incluíam os conceitos de escrita e de tarefa de escrita, de M. Clay (1991). Os resultados mostraram que havia uma relação significativa entre o conhecimento dos meninos e das meninas sobre a escrita e a freqüência com que seus familiares, em suas casas, liam e escreviam para eles textos em níveis de discurso escrito mais complexos. Havia também uma relação significativa com a freqüência com que pais, mães e tutores animavam seus filhos e filhas para a escrita, em atividades tais como escrever cartas, convites ou cartões de felicitação, aprender a escrever seus nomes ou escrever, simplesmente, letras isoladas.

Nessa linha, e com diferentes grupos, podemos encontrar muitas referências nas últimas décadas. Por exemplo, em um estudo de 25 crianças lingüisticamente precoces, Crain-Thoreson e Dale (1999) detectaram relações significativas entre a instrução explícita dos nomes e os sons das letras em casa e na escola e o conhecimento das convenções da escrita e a escrita inventada.[2] De forma semelhante, outros estudos haviam descrito que os meninos e meninas que recebiam instrução de suas mães e de seus pais sobre os nomes das letras recebiam pontuações mais altas nas provas de reconhecimento de letras do que aqueles que não o haviam praticado em casa.

d) Motivação

Outro aspecto que também foi estudado amplamente é a relação entre as experiências de alfabetização familiar e a atitude e motivação para a leitura. O estudo de Durkin sobre leitores precoces (1961) concluiu que os meninos e as meninas que estavam em um ambiente familiar alfabetizador rico, com muitas oportunidades de interação com material escrito, tendiam a apresentar um alto interesse em aprender a ler e escrever. Em outro estudo similar, na Grã-Bretanha, dessa vez com meninos e meninas em idade pré-escolar de famílias de classe operária, Lomas (1976) concluiu também que os que apresentavam um interesse mais alto por livros e contos eram aqueles para os quais, em casa, se lia mais amiúde. Morrow (1995) afirmava que pré-escolares estadunidenses com um alto interesse pela leitura tinham familiares que diziam ler para eles diariamente e que dispunham de mais livros em casa (comparando com os lares das crianças com baixo interesse). Scher e Baker (1997) examinaram 65 crianças da primeira série do ensino fundamental, procedentes de lares de classe média e baixa e, ao contrário de estudos anteriores com crianças em idade pré-escolar, concluíram que as experiências de alfabetização em casa não prediziam suas pontuações em motivação para a leitura. As autoras sugeriram que as experiências precoces no ambiente escolar são um indicador melhor da motivação leitora em cursos posteriores. Nesse sentido, cabe dizer que, em ambos os contextos, o familiar e o escolar, as práticas alfabetizadoras que neles se desenvolvem e as expectativas postas nos meninos e nas meninas, por parte de familiares e professores, são fatores centrais de motivação para a aprendizagem. É por esse motivo que o objetivo deste capítulo é precisamente sublinhar a necessidade de coordenação entre ambos os contextos de alfabetização.

Concluímos esta seção, ressaltando que, ao longo das últimas décadas, a investigação apontou para a constatação de que as práticas de leitura e escrita em casa contribuem para os processos de alfabetização no contexto escolar. Nesse sentido, podemos dizer que algumas das diferenças entre níveis e ritmos de aprendizagem de leitura e escrita em diferentes meninos e meninas podem ser explicadas a partir de suas diferentes experiências familiares com o texto escrito. A relação entre família e êxito escolar posterior levou a um interesse em nível nacional para a alfabetização familiar e a criação de programas de alfabetização familiar por todo o país.

A criação desses programas de intervenção, não obstante, foi campo de batalha entre diferentes enfoques pedagógicos e ideológicos diante de uma mesma necessidade: a coordenação família-escola. Alguns autores criticaram o ar assistencialista de muitos programas de alfabetização familiar que enfocaram a mudança de comportamento dos pais, mães e demais membros da família, sem levar em conta o que, a partir de suas práticas culturais (pouco ou muito letradas), podem trazer. Diante dessa situação, demandam enfoques colaborativos para o trabalho com pais, mães, professores e escolas para a melhoria do rendimento acadêmico dos meninos e das meninas, funcionando a partir do posicionamento de respeito mútuo em relação às demais práticas culturais (Auerbach, 1995; Taylor, 1997).

AS DIFERENTES FACES DA ALFABETIZAÇÃO FAMILIAR

Deveríamos interpretar a alfabetização familiar como principalmente descritiva ou pedagógica? E, se fosse pedagógica, qual deveria ser a natureza de sua pedagogia? Partimos de uma diferença e um desacordo reais entre investigadores e educadores, que dão respostas diferentes a essas perguntas. Em princípio, existe o acordo geral de que o termo *alfabetização familiar* surgiu a partir de etnografias descritivas, como a de Denny Taylor (1985). Seu estudo posterior com Dorsey-Gaines (1988), em várias famílias, urbanas e economicamente em desvantagem, melhorava sua primeira investigação com famílias altamente escolarizadas e demonstrou que a alfabetização também se introduz nas vidas das famílias marginalizadas e excluídas de ambientes acadêmicos. Esses trabalhos iniciais, assim como outros posteriores (Barton e Hamilton, 1998; Purcell-Gates, 1995), tinham como objetivo apresentar descrições detalhadas das formas pelas quais a alfabetização está influindo nas vidas dessas famílias e as interações alfabetizadoras que se dão em seus ambientes culturais. Não obstante, durante este tempo, o termo *alfabetização familiar* era expropriado por aquelas pessoas que pretendiam ensinar os pais e as mães a incorporar práticas hegemônicas de leitura e escrita nas vidas de suas famílias, como forma de melhorar o êxito escolar de seus filhos e filhas. A intervenção educativa se convertia em uma forma de homogeneização cultural que não conseguia criar novas práticas letradas e novas expectativas, mas levava a perpetuar a exclusão educativa dessas famílias através de práticas impostas. Assim, a alfabetização familiar passou a ser conhecida como um tipo de programa de formação orientado a crianças e familiares, e surgiu outro tipo de investigação que documentava os resultados desses programas de instrução e se orientava para a avaliação da efetividade dos programas.

Centremo-nos, por um momento, nas diferentes ofertas de programas de alfabetização familiar existentes. Por um lado, há os programas que consideram que o objetivo da alfabetização familiar é instruir pais e mães a incorporar práticas de leitura e escrita em suas casas, assim como a fomentar interações com seus filhos e filhas, que se assumem como relacionadas com o bom rendimento acadêmico posterior. Muitas dessas assunções são incluídas, ao menos parcialmente, na literatura anteriormente citada. Por exemplo, práticas como ler para os filhos e para as filhas, ajudá-los com os deveres e aprender as formas de comunicação estratégica com escola e professores são alguns dos conteúdos principais incluídos nesse tipo de programas. Sob essa afirmação, está a crença de que os pais e as mães que concorrem a esses programas não realizam essas práticas letradas e condutas desejáveis, ou que suas práticas familiares não são as que facilitariam o êxito escolar (Street, 1995), levando a afirmações baseadas no "déficit", em lugar de nas competências culturais e intelectuais. Um exemplo desse enfoque compensatório se encontra no programa que foi gestionado a partir do National Center for Family Literacy (NCFL).

Deny Taylor e Elsa Auerbach tomaram as rédeas na oposição a esse tipo de programas, afirmando que, a partir da investigação, foi demonstrado amplamente que há muitas formas de incorporar a alfabetização na vida familiar. Além disso, denunciaram que injetar práticas acadêmicas ou escolares nesses lares, com ausência de diálogo, contribui para que suas famílias as percebam como "estranhas" e "alheias" a sua cultura, convertendo a alfabetização familiar em uma iniciativa pouco viável, paternalista e sem sucesso. Propondo uma alternativa aos programas de NCFL, que incluíam indicadores de efetividade, tais como *conteúdo relevante, avaliação compensada, procedimentos acessíveis*, etc., alguns autores desse campo, como a própria Taylor (1997), escreveram o que se chamou de uma declaração internacional de princípios para a alfabetização familiar. Esses princípios captam a necessidade de contemplar as famílias de baixa renda e de culturas minoritárias como unidades culturais capazes, cujas necessidades são o resultado da opressão econômica e política, e não o resultado de uma educação parental pobre ou de um fracasso na incorporação do texto em suas vidas. Os programas de alfabetização familiar deveriam começar por um respeito mútuo e uma atitude de colaboração com as famílias e ser conscientes de que a alfabetização é também um veículo de participação social e educacional, que, com essa perspectiva, pode contribuir para mudar as forças opressoras nas vidas dessas famílias.

ALGUNS PROGRAMAS DE ALFABETIZAÇÃO FAMILIAR

Podemos distinguir três tipos de programas de alfabetização familiar que estão funcionando nesse momento nos Estados Unidos, na Grã-Bretanha e na Austrália, com diferentes orientações: 1) instrução direta tanto a meninos e meninas como a pessoas adultas; 2) instrução direta a pessoas adultas, com o objetivo de que os benefícios revertam sobre seus filhos e filhas; e 3) instrução direta apenas aos meninos e às meninas, com um impacto esperado em seus familiares.

O primeiro tipo é exemplificado em dois programas norte-americanos: o modelo do National Center for Adult Literacy (NCAL) e o programa *Even Start*, no qual a instrução é fornecida a meninos, meninas e mães ou pais, tanto em atividades conjuntas como separadamente. O programa do NCAL, com base em Louisville, Kentucky, tem sedes por todos os Estados Unidos. Nasceu a partir do projeto Parent and Child Education (PACE) e procura dar resposta a todas as necessidades pessoais, sociais e educacionais das famílias – ou seja, tanto necessidades visando ao desenvolvimento infantil quanto necessidades dos pais e das mães para compartilhar aprendizagens com seus filhos e filhas, e necessidades próprias às pessoas adultas em relação ao mercado de trabalho e à participação social. O programa Even Start é financiado pelo governo federal, para melhorar as oportunidades educacionais dos meninos e das meninas e das pessoas adultas dos Estados Unidos, integrando a educação infantil precoce e a educação de pessoas adultas, para familiares, em um programa unificado. Podemos identificar três objetivos inter-relacionados nesse programa: a) ajudar os pais e as mães a se converterem em sócios íntimos na educação de seus filhos e filhas; b) estimular os meninos e as meninas a alcançarem seu potencial como aprendizes; e c) oferecer formação aos familiares.

Outro programa de alfabetização familiar na mesma linha está sendo levado a cabo no Reino Unido a partir da organização Basic Skills Agency. Esse programa é financiado pelo governo britânico e tem como objetivos principais aumentar os padrões de leitura e escrita entre pessoas adultas com dificuldades e de seus filhos e filhas e estender a consciência da importância da alfabetização familiar. Em função da iniciativa da Basic Skills Agency, foram implantados quatro programas-piloto em bairros operários da Inglaterra e do País de Gales que proporcionaram dados relevantes para a avaliação do programa. É parecido com os dois anteriores: apresenta um componente centrado na educação de pessoas adultas, nos quais pais e mães trabalham apenas em suas próprias habilidades de alfabetização e, por sua vez, aprendem sobre alfabetização inicial e sobre como podem ajudar seus filhos e suas filhas em tarefas iniciais de leitura e escrita na escola e em casa; é também incluído outro componente, centrado nos meninos e nas meninas, que combina práticas de educação infantil e ciclo inicial, e, finalmente, um componente adulto/filho, no qual os pais e as mães trabalham com seus próprios filhos e filhas o que aprenderam nas sessões sobre como ajudá-los. Todas as avaliações revelaram avanços no vocabulário, na leitura e na escrita.

Dentro do segundo tipo de programas, encontramos o projeto Family Literacy: Aprendendo, Melhorando, Educando (FLAME), um projeto de alfabetização familiar dirigido somente a pessoas adultas, que foi projetado para pais e mães de meninos e meninas de 3 a 9 anos da comunidade hispânica de Chicago. Esse programa incentiva os familiares a trabalharem com seus filhos e suas filhas, centrando-se nos usos da leitura e da escrita e na melhora do seu domínio do inglês e das suas habilidades letradas. Nesse programa, é ensinado às pessoas adultas como ler de forma mais efetiva aos pequenos e como falar sobre os contos para gerar um clima de aprendizagem. Também lhes são oferecidas estratégias para interagir de forma mais efetiva com as escolas e os professores.

Outro programa similar, que demonstrou efeitos positivos, é o The Talk to a Literacy Learner (TTALL), realizado na Austrália, com o mesmo objetivo de proporcionar aos pais e às mães estratégias de interação com seus filhos e suas filhas em relação com os processos alfabetizadores. O programa TTALL proporcionava a pais e mães uma maior confiança em sua capacidade de interagir na leitura e na escrita com seus filhos e suas filhas.

Também no Reino Unido, encontramos programas enfocados explicitamente no ensino de estratégias de leitura aos pais e às mães. Por exemplo, o programa Child and Adolescent Psychological and Educational Resources (CAPER) foi projetado para propiciar que os pais e as mães lessem "livros reais" com seus filhos e suas filhas, aprendendo a dar o suporte "adequado" para o desenvolvimento da alfabetização dos pequenos. Foram realizados seminários nas escolas, nos quais mães e pais participavam em atividades estruturadas, com o objetivo de acrescentar a seu conhecimento novas formas de interagir (perguntar e responder) nos momentos de leitura compartilhada, além, é claro, de se divertir lendo.

O terceiro tipo de programa é centrado nas atividades dos meninos e das meninas com o objetivo de obter um impacto indireto em seus lares. São programas que têm um componente de relação entre escola e casa, por exemplo, incluindo contribuições dos pais e das mães nas atividades escolares (trazendo para a aula material escrito de suas casas: revistas, jornais, receitas, cartas, livros, etc., ou levando para casa trabalhos realizados em aula para compartilhar com os familiares). Foram também elaborados materiais e atividades como o *conta-contos*, dos quais podem participar os familiares. Morrow e Young (1997) estudaram os efeitos do rendimento escolar e da motivação das crianças nesse tipo de programa que tinham um componente de casa e observaram uma relação significativa entre esses fatores.

As avaliações dos programas de NCAL, Even Start e o Basic Skills Agency demonstraram que há um modesto aumento de habilidades leitoras entre as mães e os pais, assim como mudanças de hábitos de leitura e maior confiança em suas próprias capacidades. Os participantes não apenas obtiveram melhores pontuações nas provas de alfabetização,[3] como também uma porcentagem maior de pessoas adultas conseguiu a graduação do ensino médio (GED), se compararmos com aquelas que haviam assistido unicamente um programa regular de educação de pessoas adultas. Participantes no programa de NCAL relataram um aumento do número de atividades de leitura e escrita em casa e uma melhoria em sua auto-estima como pessoa e como pais e mães. Do mesmo modo, os pais e as mães que participavam da Basic Skills Agency manifestaram que a participação no programa aumentava sua implicação nas escolas de seus filhos e de suas filhas.

As interações entre gerações apareceram também como centrais nesses programas. Seja direta ou indiretamente, todos os programas de alfabetização familiar são dirigidos a aumentar a freqüência de interações em relação à leitura e à escrita entre pais, mães, filhos e filhas em casa, e muitos desses programas estão centrados na natureza dessas interações. Isso inclui trabalhar sobre a leitura de contos, mas não apenas isso, também inclui outras atividades, tais como escrever bilhetes ou cartas, dar atenção aos escritos do meio, ajudar nos deveres, etc. Os seminários para familiares, a modelização e as práticas de leitura e escrita com familiares em aula são algumas das atividades realizadas com esse fim em diferentes programas, com o objetivo de ensinar estratégias que fomentem essas interações. As avaliações de diversos programas de alfabetização familiar ressaltaram aumentos significativos na freqüência de leitura de contos e na ajuda com os deveres, assim como um aumento e um uso mais efetivo das bibliotecas.

CONCLUSÕES

Existem muitos estudos e literatura sobre o impacto das práticas letradas familiares na aprendizagem da leitura e da escrita durante os primeiros anos da escolarização. A partir dessas contribuições, podemos realizar as seguintes afirmações: 1) os meninos e as meninas aprendem em suas casas muitos conceitos, habilidades, atitudes e condutas relevantes para o desenvolvimento da leitura e da escrita, quando participam nos momentos de leitura e escrita que surgem de forma natural; 2) muitos desses conceitos, habilidades, atitudes e condutas que alguns meninos e algumas meninas adquirem de forma inicial, em interação com as pessoas de seu entorno, são as que posteriormente vão sendo desenvolvidas na escola; e 3) os programas de intervenção que envolvem familiares e são centrados em formação de pessoas adultas e ensino de estratégias específicas de alfabetização para utilizar com seus filhos e suas filhas provocam melhorias no rendimento dos meninos e das meninas na escola. Essas afirmações corroboram a importância de incluir a perspectiva da alfabetização familiar na educação infantil para melhorar a leitura e a escrita, mas também nos propõem a alfabetização familiar como uma chave para prevenir o fracasso escolar de muitos meninos e meninas que não conseguem consolidar as habilidades de leitura e de escrita e comprometem suas oportunidades educacionais.

Embora a alfabetização inicial tenha sido objeto de muitos estudos desde os anos de 1960, são poucos os que questionaram e analisaram o tema da compatibilidade entre as culturas dos centros escolares, os lares dos meninos e das meninas e os programas de alfabetização familiar. Nesse sentido, cabe destacar que as investigações foram centradas na análise das diferenças quanto a atitudes, expectativas, papéis e crenças entre famílias de culturas minoritárias e as escolas de cultura majoritária nas quais compareçam filhos e filhas. Diversos estudos demonstraram que a variável social e cultural tem um forte impacto no processo de alfabetização e que necessita ser diretamente revisada (Delgado-Gaitan, 1996; Neuman, 1996; Fitzgerald, Spiegel e Cunningham, 1991). É necessário continuar investigando sob uma perspectiva sociocultural e chegar a aprofundar em relação com o impacto no rendimento acadêmico ao longo do tempo. Mas, sobretudo, é preciso estudar aqueles programas que operam fora da perspectiva cultural majoritária, assim como os projetos que criam seus próprios programas com o objetivo de incluir e construir a partir da perspectiva cultural dos próprios participantes.

Devemos continuar investigando na linha da alfabetização familiar e expandir nossos horizontes no trabalho com as famílias, para encontrar as formas com as quais as escolas possam construir projetos de êxito escolar que incluam as habilidades, crenças e práticas culturais das pessoas que integram cada comunidade educacional, sejam quais forem os meninos e as meninas que tragam consigo, para alcançar a igualdade educacional para todos e todas, sem discriminação de etnia ou de classe social.

NOTAS

1. Este capítulo está baseado nas contribuições de Purcell-Gates (2000) a C. E. Walsh (Ed.), *Handbook of Reading Research*, vol. 3. Mahwah, NJ: Laurence Earlbaum Associates.
2. *Invented spelling* é utilizada nos Estados Unidos para descrever os momentos iniciais da escrita, antes que chegue a ser uma escrita convencional (nota da tradutora espanhola).
3. Foram utilizados testes padronizados, como Competences and Skills Assessment Scale (CASAS) e Test of Adult Basic Education (TABE).

LEITURA DIALÓGICA: A COMUNIDADE COMO AMBIENTE ALFABETIZADOR

3

Marta Soler Gallart

INTRODUÇÃO

A leitura continua sendo uma das chaves do acesso à informação e do êxito em educação. Na sociedade da informação, o escrito se diversifica em sua forma e suporte, e cada vez mais nos comunicamos e nos comunicam coisas através de mensagens, palavras, textos, símbolos, anúncios e outras representações gráficas que, através de nossas interações, adquirem significados. Alguns autores têm falado de múltiplas escritas e alfabetizações (Street, 1995; Barton e Hamilton, 1998) e assinalaram novos desafios educacionais para atender à diversidade do atual contexto social e multicultural. Outros autores estabeleceram a necessidade de levar em conta todas as culturas de uma forma crítica a partir da igualdade de diferenças, ou seja, ensinando o discurso acadêmico que se valoriza no ambiente escolar partindo do reconhecimento da riqueza das diferentes formas orais e escritas da língua (Bartolomé, 1998). As pessoas devem ser capazes de se desenvolver perfeitamente no domínio da leitura e da compreensão das informações escritas que lhes vão sendo apresentadas, para não ficarem excluídas da sociedade. Por isso, a alfabetização inicial continua sendo uma das grandes preocupações dos profissionais da educação. O que devemos fazer para que todas as meninas e os meninos aprendam essas habilidades, convertam-se em leitores críticos e enfrentem os novos desafios da sociedade da informação? O que acontece com os alunos que ficam para trás? Estamos dando suficientes respostas para todos? Por que os meninos e as meninas mais desfavorecidos não podem acelerar a aprendizagem da leitura e da escrita? Por que as comunidades com poucos recursos devem se conformar com menos aprendizagens?

Precisamos recolocar o ensino da leitura nos centros educacionais. Sabemos que ler é mais do que interpretar signos que representam fonemas, ou compreender palavras que se referem a significados. Ler um texto, como dizia Freire, implica ler o contexto (Freire e Macedo, 1989), o que indica que a leitura não é um fato mecânico e isolado, mas que abre uma porta para um novo universo de possibilidades de intervir no mundo e transformá-lo. Ler implica compartilhar espaços, construir pensamentos e aumentar as aprendizagens e motivações educativas, e isso não é um processo individual, mas coletivo. Neste capítulo, centrar-nos-emos no processo inicial de aprender a ler, mas, a partir dessa perspectiva ampla, incluiremos aqueles fatores que relacionam a leitura com o aumento da aprendizagem e com a transformação de uma situação educativa, conceito que nos permite propor objetivos igualitários para todos os meninos e as meninas, independentemente de sua etnia, classe social ou bagagem cultural.

A leitura dialógica implica o aumento das interações em torno das atividades de leitura, multiplicando os espaços para além do lugar onde tradicionalmente se haviam contemplado e abrindo-os a pessoas muito diversas (Soler Gallart, 2001). A leitura dialógica não se reduz ao espaço da aula, mas abrange mais espaços: inclui a variedade de práticas de leitura que podem ser realizadas na biblioteca, em atividades extra-escolares, em casa, em centros culturais e em outros espaços comunitários, e é realizada com todas as pessoas que interagem nas vidas cotidianas de cada menino e de cada menina, dentro e fora da escola.

Nesse sentido, propomos a aprendizagem da leitura e da escrita a partir de uma nova concepção da aprendizagem na qual vamos além do processo de ler e escrever. O foco da leitura se desloca de ser visto como um processo interativo entre o menino ou a menina e o texto, para a interação entre os meninos, as meninas e as diferentes pessoas adultas que estão a seu redor em relação com esse texto. O processo de interpretação, construção de significado e criação de sentido em relação ao escrito deixa de ser individual e se torna coletivo. Essa é a chave do processo, e essa concepção tem implicações educativas. Por exemplo, sob essa perspectiva, tanto a participação das famílias nas aprendizagens escolares como a própria formação de familiares contribui para a alfabetização inicial dos meninos e das meninas. Existem muitos programas que já demonstraram o êxito educativo dessa dimensão coletiva (Comer, 1997; Sanchez Aroca, 1999). Apresentaremos um desses programas, mais adiante.

O AMBIENTE ALFABETIZADOR DOS MENINOS E DAS MENINAS

O processo de alfabetização depende cada vez mais da coordenação das aprendizagens que se desenvolvem nos diferentes espaços e das relações das vidas dos meninos e das meninas. Existem algumas premissas das quais devemos partir, para chegarmos a essa afirmação: a) os estudos de alfabetização emergente já demonstraram, há anos, que a alfabetização é realizada também na família, na rua e em outros contextos não-escolares com todos os materiais escritos e práticas letradas que se encontram no ambiente do menino ou da menina (Purcell-Gates, 1995; Teale e Sulzby, 1986); b) o ambiente atual é mutável e tanto crianças como pessoas adultas devem participar de aprendizagens constantes; e c) quando nossas atuações educativas incidem – direta e indiretamente – em todos esses contextos, o entorno alfabetizador se transforma e, com ele, as aprendizagens.

Os meninos e as meninas que estão em nossas aulas provêm de ambientes diversos, nos quais a cultura escrita tem uma presença diferente, tanto nos materiais escritos como no tipo de práticas letradas mais habituais em sua vida cotidiana. Por exemplo, há famílias nas quais se lêem livros e jornais diariamente, utiliza-se o computador, deixam-se notas presas à geladeira e se escreve a lista de compras para ir ao supermercado. Em outras famílias, são lidos folhetos informativos e magazines, apontam-se letras ou palavras no calendário de parede, as compras são feitas de memória e se entabulam conversações diariamente com familiares, amigos e vizinhos em suas casas ou nas lojas do bairro: discutem sobre a vida, contam histórias e compartilham opiniões. Em algumas famílias, utilizam-se práticas mais parecidas com as escolares do que em outras e, amiúde, para os meninos e meninas, o que ocorre nas aulas está muito distante do que ocorre em suas vidas cotidianas.

Muitos autores discutiram a necessidade de uma continuidade entre escola e comunidade. Por um lado, a cultura da escola e a de casa são às vezes tão diferentes que os meninos e as meninas não podem utilizar seus recursos de conhecimento para as aprendizagens (Moll, 1992). Por outro, essa distância acaba por construir uma dicotomia entre atividades e atitudes próprias do mundo acadêmico e do ambiente familiar, que pode desembocar no rechaço, por parte dos jovens, de uma das duas culturas (Willis, 1988).

Em grandes traços, poderíamos diferençar entre famílias acadêmicas e não-acadêmicas. As famílias acadêmicas são aquelas nas quais alguma pessoa possui titulação e que, em sua vida cotidiana, interage diariamente com as crianças: respondem suas dúvidas, lhes explicam como fazer as tarefas escolares, insistem em conteúdos e conhecimentos que elas valorizam como necessários para ter êxito no âmbito acadêmico. Os meninos e as meninas de famílias acadêmicas têm em casa recursos educacionais similares aos das aulas, tais como livros, cadernos, computadores, conversas acadêmicas, vocabulário e motivação por temas e conhecimentos próprios da escola. Assim, têm mais facilidade para aprender.

Não obstante, já que a maioria de pessoas adultas não possui titulação universitária, a maioria dos meninos e das meninas pertence a famílias não-acadêmicas, que fazem parte de um contexto cultural diferente do contexto escolar, e os recursos educacionais de que dispõem em casa não são do mesmo tipo que os encontrados na aula. Portanto, têm menos facilidades. Os meninos e as meninas dessas famílias estão em perigo de serem excluídos da sociedade da informação, porque não terão as habilidades que se priorizam na atualidade.

Como dizia Shirley Brice-Heath, em sua etnografia de famílias americanas (1983), "as formas de agir com as palavras" das famílias não-acadêmicas são diferentes das acadêmicas (ou de classe média), mas isso não significa que falte às famílias não-acadêmicas um ambiente adequado, competências parentais apropriadas, um interesse educativo ou estratégias formais para "transmitir práticas letradas escolares". Algumas interpretações de estudos como os de Heath sobre as práticas letradas familiares levaram a legitimar discursos sobre o déficit familiar e a utilizar-se disso para continuar responsabilizando as famílias pelo fracasso escolar de seus filhos e filhas. Não obstante, outros estudos como o Harvard Home-School Study of Language and Literacy Development,[1] afirmaram que é incorreto explicar as causas do fracasso na leitura a partir da ausência de recursos e habilidades nos lares de baixa renda. Uma das principais conclusões do estudo é que existem fatores que dependem tanto das famílias como dos centros escolares (Snow e Tabors, 1993). Outro estudo, com mães mexicanas imigrantes, sobre as funções e o sentido da leitura e da escrita constatou que as famílias mais marginalizadas viam a alfabetização como uma forma de sair da exclusão, e a educação de seus filhos e filhas era uma de suas principais preocupações. Embora não pudessem ajudá-los nas tarefas escolares, porque muitas eram analfabetas, realizavam ações como deixar um espaço livre na mesa da cozinha, para que pudessem fazer os deveres, ou dar-lhes suporte emocional (Goldman e Trueba, 1987). Então, por que os meninos e as meninas dessas famílias têm dificuldades na aprendizagem da leitura e da escrita? Voltamos à necessidade de coordenar todos os processos da comunidade, as interações com a leitura e a escrita, os recursos utilizáveis e como são utilizados e de canalizar motivações das famílias para atividades educacionais reais. A seguir, iremos nos centrar em alguns fatores a serem levados em conta nesse processo.

FATORES QUE CONTRIBUEM PARA DESENVOLVER A ALFABETIZAÇÃO INICIAL

Interações

– Sabes como fazer a letra "p"? É muito fácil: faz um "1"... e depois põe uma onda nele!

Assim Laura explicava a Kevin como ela fazia a letra "p", quando Carlos, o professor de apoio, não tinha conseguido que Kevin o compreendesse, nem brincando de fazer traços com o dedo, nem repassando com o lápis letras de pontinhos.

Todas as pessoas têm inteligência cultural, o que inclui a pluralidade de dimensões da interação humana e, portanto, todas são capazes de desenvolver aprendizagens distintas em diferentes contextos, se houver a oportunidade para fazê-lo (Elboj, Valls e Fort, 2000). As interações nas aulas e fora delas condicionam essas aprendizagens seja qual for a cultura na qual cada menino ou menina interage.

Diferentes autores assinalaram a importância das interações nos processos cognitivos de aprendizagem (Vygotsky, 1979; Bruner, 1995), assim como nos processos de alfabetização inicial de meninos e meninas com diferentes bagagens culturais (Bartolomé, 1998; Snow, Barnes e Griffin, 1998). A aprendizagem da leitura e da escrita começa muito antes da incorporação no mundo da escola, e os conhecimentos sobre a escrita e as atitudes para a leitura foram se desenvolvendo em função das interações no seio familiar. Uma das atividades iniciais mais estudadas foi a leitura de contos e a criação de conhecimentos sobre a linguagem e as estruturas de participação na cultura escrita a partir de interações entre mães e seus filhos e filhas em momentos de leitura compartilhada (Ninio e Bruner, 1978; Heath, 1983). Esses estudos explicaram como as interações iniciais com os contos influíam no processo de aquisição da linguagem e na aprendizagem posterior da leitura, ao constituir uma base de conhecimento da qual somente algumas meninas e meninos partem quando chegam à educação infantil.

Detenhamo-nos, porém, por um momento: se a aprendizagem depende das interações e dos significados compartilhados, não deveríamos continuar facilitando, nos diferentes espaços educacionais, relações intersubjetivas entre os próprios alunos e pessoas adultas? E, para os meninos e as meninas de famílias acadêmicas, não serão as novas interações em novos contextos o caldo de cultura para novas aprendizagens? As Comunidades de Aprendizagem[2] estão demonstrando dia após dia nas aulas que crianças como Kevin não necessitam partir de sua falta de experiência com a cultura escrita, mas fomentar contextos de interação com pessoas adultas, como Carlos, e com companheiros, como Laura, para desenvolver todo seu potencial. Como nos recorda Bruner (1997), "o conhecer e o comunicar são altamente interdependentes, em sua natureza, de fato virtualmente inseparáveis" (p. 21).

Altas expectativas, auto-estima e motivação pela leitura

Quando soava a campainha do recreio, Miguel queria ficar um pouquinho mais para acabar a ficha. Itziar tinha se convertido em uma apaixonada pelos contos e pedia insistentemente que alguém lesse com ela.

Miguel e Itziar eram as típicas crianças com dificuldades de leitura. Miguel se travava com a *ma-ma-m-m...* e não compreendia a palavra. Itziar inventava as palavras ou ficava olhando os gestos da professora, para ver se adivinhava os sons que tinha que fazer. Ambos haviam aceitado o que se dizia deles e se negavam a ler, ou passavam horas diante de algumas fichas que lhes pareciam intermináveis.

Os meninos e as meninas vão construindo a percepção sobre suas próprias capacidades a partir da interação com as pessoas com as quais se relacionam. Segundo Mead (1990), nossa identidade está formada por "eu, mim, e pessoa". O "mim" é o outro generalizado, a interiorização que eu faço do que as demais pessoas pensam de mim, e isso vai configurando a percepção de mim mesmo e de minhas próprias capacidades. Os meninos e as meninas percebem as expectativas dos docentes e de todo seu entorno, e esse processo contribui para consolidar ou superar suas dificuldades de aprendizagem com a leitura e sua capacidade de assimilar com rapidez e criatividade o mundo escrito. Para Itziar, por exemplo, foi importante sentir-se em um ambiente de altas expectativas, no qual diferentes pessoas adultas se sentavam com ela para ler contos e livros, apesar de suas dificuldades iniciais, sem pensar que nunca gostaria de ler. Também ficava às vezes na biblioteca, porque havia meninas mais velhas que também queriam ler com ela. A leitura dialógica implica multiplicar os momentos de leitura compartilhada, convertendo-os em momentos de comunicação, partindo, é claro, de que todas as meninas e todos os meninos têm motivação, seja explícita, seja sob a barreira da infravalorização pelas tarefas acadêmicas.

Dimensão instrumental

> *Todos já sabem qual é a letra de seu nome. Então, nos grupos, "fazemos soar" cada letra e as crianças criam palavras novas. Assim, cada letra nos leva a mais letras, e cada palavra a mais palavras.*

Partindo da aprendizagem de palavras próximas, como os próprios nomes, os meninos e as meninas são capazes de incrementar seu universo de palavras e sons a partir de letras e sons conhecidos. É necessário que o menino ou a menina adquira consciência fonológica, e o pode fazer através de construir palavras próximas, como o nome próprio ou os nomes de seus familiares, identificando letras dessas palavras e os sons correspondentes. Ao mesmo tempo que se vão desenvolvendo nesse processo, são capazes de gerar outras palavras, jogando com as letras, as sílabas e os sons, e dotando de sentido com os demais a cada nova palavra gerada.

A leitura dialógica não implica simplesmente dialogar sobre os textos que lemos ou sobre os nomes e palavras. Tampouco significa esquecer-se de que ler e escrever passa por um processo cognitivo no qual os meninos e as meninas vão tomando consciência de aspectos convencionais da escrita, da segmentação das palavras, do valor sonoro que atribuímos a cada representação gráfica em forma de letra, etc. O processo cognitivo de ler não é um processo natural, mas propiciado pelas interações com pessoas mais experientes no mundo letrado e que contribui para as formas de comunicação em nossa sociedade. As crianças devem ser capazes de interpretar códigos e letras, decifrar mensagens e ter as ferramentas para produzir textos novos. Não podemos nos conformar com que as meninas e os meninos saibam os nomes das letras, mas também que saibam utilizá-las.

Freire (1997) dizia que "a educação, na verdade, necessita tanto de formação técnica, científica e profissional como de sonhos e utopia" (p. 34) e relacionava essa afirmação com a necessidade de ensinar aquilo que os meninos, as meninas e as pessoas adultas necessitam para conseguirem a igualdade educacional, sem baixar o nível para aquelas pessoas com mais dificuldades de aprendizagem, ou que se encontram diante de mais barreiras sociais. Tudo isso em um ambiente de diálogo no qual todas as pessoas possam compartilhar suas experiências e seus sonhos.

Nesse sentido, podemos tomar como referência experiências educacionais em nível internacional, que estão tendo êxito em termos de superar o fracasso escolar. Todas essas experiências têm pontos em comum: a participação da comunidade no centro e na aprendizagem da leitura e da escrita. Centrar-nos-emos no School Development Program (SDP), de James Comer, por ser uma das experiências pioneiras nos Estados Unidos, nessa orientação. O objetivo principal das escolas do SDP é proporcionar uma estrutura e um processo de mobilização das pessoas adultas para contribuir para a aprendizagem e o desenvolvimento integral dos meninos e das meninas. Todas as equipes de planejamento, gestão e desenvolvimento escolar são formadas por professores, administração, familiares e outros profissionais. Existem três princípios-guia: a) solução de problemas em vez de queixa, b) tomada de decisões por consenso através do diálogo, e c) colaboração entre as equipes diretivas e de trabalho. As necessidades educativas das meninas e dos meninos são o núcleo das finalidades do centro, e é estabelecida uma responsabilidade compartilhada por toda a comunidade educacional. Durante mais de vinte anos, o SDP teve muitas avaliações e foi objeto de investigação, tendo indicado efeitos significativos de melhoria em clima escolar, nível de assistência e rendimento escolar (Comer, 1999).

Contemplar a dimensão instrumental da aprendizagem significa partir da premissa de que todos os meninos e todas as meninas podem alcançar níveis altos de sucesso acadêmico, chegar ao cume mais elevado de seu potencial, se tiverem a oportunidade. A escola deve proporcionar as oportunidades para esse desenvolvimento, para os meninos e as meninas que não o tenham. Porém, as escolas não podem enfrentar esse desafio sozinhas, mas mobilizar outras pessoas adultas – incluindo familiares – para ajudar os estudantes e suas necessidades de desenvolvimento. Por exemplo, dentro do SDP há o programa Essentials of Literacy, que é um processo de intervenção para os alunos com dificuldades na leitura. O programa se desenvolve em uma aula designada como a Comer Reading Room, em que professores, pais e mães, outras pessoas adultas e voluntários recebem formação e atuam como facilitadores da aprendizagem em cada "estação de trabalho". Uma "estação de trabalho" é composta por quatro meninos e meninas que trabalham em grupo: lêem, escrevem, escutam, pensam, aprendem e tomam decisões durante 90 minutos diários, e, ao final de cada semana, é celebrado o êxito obtido. O programa otimiza os recursos existentes no centro escolar com uma nova forma de trabalhar, fomenta a conexão entre escola, casa e comunidade, e promove a formação permanente de professores e voluntários.

O SDP, de James Comer, foi um precursor de outros programas de aceleração da aprendizagem e superação do fracasso escolar nos Estados Unidos. Baseando-se em sua experiência, surgiram posteriormente projetos como as Accelerated Schools e o programa Success for All, que estão se desenvolvendo em mais de 6.000 centros por todo o país. Todos têm como fundamento a participação das famílias e da comunidade, e o êxito nas aprendizagens da leitura, escrita e matemática, principalmente. O programa de leitura das escolas Success for All, por exemplo, tanto em sua versão em inglês como em castelhano, para escolas bilíngues (isto é, Reading Roots e Lê Comigo) baseia-se na aprendizagem cooperativa na aula, com professores de apoio, durante 90 minutos diários (Slavin, 1985), do mesmo modo que a aula de leitura, de Comer.

Transformação do contexto

> *Sarai, uma menina cigana da 2ª série do ensino fundamental, nos contava, orgulhosa, que sua mãe também vinha ao colégio para estudar e que, em casa, as duas se punham na mesa da copa com os livros.*

Na escola de Sarai, muitas famílias são ciganas, e a associação de familiares promoveu aulas para tirar a carteira de motorista, com alfabetização. Cada tarde, a sala de familiares se enchia sobretudo de mães, jovens e algum pai. A mãe de Sarai repassava, a cada noite, o livro e as fichas, e a menina ficava a seu lado, pegava algum livro ou caderno e se punha a ler ou escrever palavras. Seguidamente lia o livro de sua mãe e havia aprendido que os carros também se chamavam "veículos" e que estacionar também se diz "parquear". Haviam criado um espaço novo, no qual compartilhavam o esforço comum por aprender.

A alfabetização de familiares e as atividades culturais com familiares e outros membros da comunidade repercute de forma indireta na alfabetização dos meninos e das meninas, e sua motivação pela leitura e pela cultura escrita em geral. A participação de mães, pais e outros familiares em processos alfabetizadores cria novas práticas de leitura e novos referenciais culturais nos ambientes não-escolares dos meninos e das meninas que influirão indiretamente em sua aprendizagem. Em um estudo sobre a influência da formação de pessoas adultas em suas práticas letradas fora do marco escolar, encontrou-se que existe relação entre o tipo de formação e as mudanças em práticas de leitura e escrita em sua vida cotidiana. Por um lado, aumenta a presença da leitura de livros e a leitura e escrita de notas, cartas e comunicações oficiais; por outro, facilita a relação entre a educação de filhos e filhas e o centro escolar (Purcell-Gates, Degener, Jacobson e Soler, 2001). O estudo demonstrou que a formação de familiares por meio de atividades culturais e educacionais implica mudanças relevantes em suas práticas de leitura e escrita em casa, especialmente em relação a tarefas mais acadêmicas. Para muitas pessoas adultas com pouca formação, viver uma experiência de aptidão e aprendizagem se converte em um motor de transformação pessoal e de seu entorno. Através de sua implicação educacional, são os membros da comunidade que se convertem em promotores da leitura e da escrita junto aos professores.

Um exemplo claro dessa repercussão são as "tertúlias literárias dialógicas", um programa de animação à leitura no qual participam membros de famílias não-acadêmicas (Soler-Gallart, 2000). São tertúlias nas quais pessoas que nunca tinham lido um livro se reúnem para compartilhar a leitura de clássicos da literatura universal. Assim, passam a ler, comentar e se aprofundar em obras de Cervantes, Lorca, Shakespeare, Tolstoy, Joyce, etc., e a comprovar que não há um tipo de cultura para um tipo de pessoas, e que têm muito que contribuir para a educação a partir de sua cultura popular. Uma mulher que participava em uma tertúlia literária explicava que, quando sua filha a viu lendo *A Metamorfose*, de Kafka, lhe disse: "Mamãe, o que fazes 'tu', lendo um livro como 'este'?". De repente, rompe-se uma brecha cultural que se dava por suposta, devolvendo confiança nas capacidades das pessoas e produzindo mudanças. A transformação das pessoas que participam na tertúlia provoca uma mudança de atitude frente aos livros e à educação: aumenta a motivação para ler, compartilhar histórias, palavras e sentimentos, e converter-se em uma pessoa leitora habitual. Além disso, produz uma mudança no "atrever-se" a dar uma opinião, e se abre um mundo de possibilidades, onde vozes não-acadêmicas começam a ser visíveis e incluídas em espaços socialmente reconhecidos, seja em suas casas, com suas famílias e amizades, na associação de bairro ou em movimentos sociais. A participação de familiares não-acadêmicos em atividades culturais e educacionais como as tertúlias provocou mudanças no entorno alfabetizador de seus filhos e filhas, em suas casas e em sua comunidade.

ALÉM DA AULA E DA DÍADE PROFESSOR-ALUNO

A leitura dialógica é uma nova forma de entender a leitura: não se centra unicamente no processo cognitivo da alfabetização, mas o engloba dentro de um processo mais amplo de socialização na leitura e na criação de sentido sobre a cultura escrita com as pessoas adultas do entorno. A chave é, pois, a intersubjetividade nos diferentes espaços de aprendizagem. Sob essa perspectiva, a comunidade adquire sentido não apenas porque representa um contexto em que meninos e meninas interagem para além do marco escolar, mas também porque os membros da comunidade entram nas aulas e em outros espaços educacionais e participam em atividades de alfabetização.

Com a participação da comunidade, nos propomos ao êxito educacional de todos os meninos e meninas – a partir de suas diferentes realidades sociais e econômicas, de suas identidades culturais e línguas maternas –, abrindo os horizontes da aprendizagem da leitura com a multiplicação de interações e instantes educacionais com e entre todas as pessoas jovens e adultas que estão em volta das crianças. Se levarmos em conta os fatores descritos na seção anterior (interações, altas expectativas, motivação, dimensão instrumental e transformação do contexto), veremos também que a alfabetização inicial não depende tanto do melhor método, mas da quantidade e do tipo de interações das meninas e dos meninos com a cultura escrita, assim como da coordenação de todas as aprendizagens que ocorrem em suas vidas. Isso implica ir além da aula e das interações tradicionais com o docente como única via de desenvolvimento do processo de leitura e escrita. Assim, ampliamos as vias, por um lado, incluindo mais pessoas – familiares, voluntários, companheiras e companheiros, irmãos, primos, amigas mais velhas, pessoas da comunidade, etc. –, por outro, incrementando os espaços de aprendizagem de leitura e escrita através de atividades extra-escolares, oficinas, tertúlias, lares, espaços de lazer, bibliotecas, parques, centros culturais, etc. Consideremos alguns exemplos em três níveis diferentes de participação: aula, centro e comunidade.

Mais pessoas alfabetizando na aula

A aula continua sendo um dos principais contextos de alfabetização, e nela se podem acelerar as aprendizagens, se conseguirmos aumentar as interações. Para isso, é necessário mudar seu formato e disposição tradicional e incorporar novos elementos que facilitem esse processo. Sabemos que existem diferentes metodologias e enfoques didáticos com os quais se pode conseguir que as aprendizagens em aula sejam mais significativas, assim como materiais e atividades importados do universo escrito do ambiente dos pequenos que dotam a leitura e a escrita de funcionalidade e sentido. Não obstante, sabemos também que aquelas experiências que conseguiram acelerar as aprendizagens de todas as meninas e de todos os meninos incluem o fator da interatividade.

Um professor ou uma professora sozinhos não podem transformar a aula em um espaço interativo, é necessária a participação de outras pessoas adultas que contribuam para esse processo. Assim, nas aulas, além dos professores, podem participar familiares, ex-alunos/as, pessoas do bairro, aposentados/as, outros profissionais e demais voluntários da comunidade, para trabalhar em pequenos grupos, realizar momentos de leitura compartilhada, trabalhar com aquelas meninas e aqueles meninos que têm mais dificuldades, coordenar diálogos sobre os contos, etc. O mais importante são as relações de aprendizagem entre todas as pessoas que compartilham a aula, em cada momento, e os processos de comunicação que se produzem em torno dessas aprendizagens. Incorporar mais pessoas, como agentes alfabetizadores, não significa reduzir a tarefa dos professores, ou diluir a função docente. É bem o contrário. A leitura dialógica implica mais responsabilidade por parte dos professores, para conseguir que os meninos e as meninas tenham uma aprendizagem máxima.

Uma das propostas nessa linha que está dando os melhores resultados é o trabalho em grupos interativos (Aubert e García, 2001). Consiste em uma organização da aula em grupos heterogêneos (diferentes níveis e ritmos de aprendizagem, grau de atenção, gênero, cultura, etc.) de quatro ou cinco crianças, com uma pessoa adulta em cada grupo que facilita a aprendizagem. São projetadas várias tarefas, tantas como grupos, para ser realizadas em 15 minutos, de maneira que todos os meninos e todas as meninas passam por todas as tarefas. Cada pessoa voluntária se encarrega de facilitar uma das tarefas, e o objetivo não é ajudar cada menino ou menina individualmente, mas facilitar que se ajudem e se expliquem entre si. Assim, as crianças que realizam mais rápido ou dominam mais de uma tarefa ajudam os demais a entenderem bem e poderem terminar a tarefa. Por exemplo, em uma classe de educação infantil, Ana, uma menina de 4 anos, ensinava a Halima como tinha que escrever seu nome atrás da folha e, além disso, lhe dizia que prestasse atenção, que havia uma letra que as duas tinham: o "A". Halima a olhava, repetia os sons que Ana fazia e sorria, porque havia entendido. Exemplos como esse ou como a interação entre Laura e Kevin, exposta anteriormente, são o tipo de diálogos de aprendizagem que se produzem nos grupos interativos. Ao incluir mais pessoas adultas na aula, multiplicam-se as estratégias de aprendizagem, porque se produzem interações com o professor ou professora, os voluntários dos grupos e os demais meninos e meninas, acelerando, assim, o processo de alfabetização. Ao trabalhar em grupos heterogêneos,[3] é facilitada a possibilidade de compartilhar conhecimentos e estratégias, utilizar a diversidade como riqueza para as aprendizagens e fomentar atitudes solidárias entre os meninos e as meninas.

No fomento da interatividade, por meio de grupos interativos ou outras atividades com voluntariado em aula, o papel do professor ou professora é muito importante. É a pessoa gestora da aula quem faz o seguimento das aprendizagens de todos os meninos e meninas e quem deve assegurar suas aprendizagens. É a pessoa que decide os conteúdos e as atividades, a responsável pelo currículo. A entrada da comunidade na aula é uma ajuda para o professorado, que tem por objetivo acelerar as aprendizagens de todo o alunado, potenciando a inclusão, a partir do trabalho cooperativo e da alfabetização a partir da intersubjetividade.

Multiplicando os momentos alfabetizadores no centro escolar

Todos os espaços do centro escolar podem se converter em contextos de alfabetização, nos quais se fomentem práticas de leitura e escrita baseadas em interações com a participação de familiares e voluntários. Os diferentes espaços do centro escolar (isto é, biblioteca, aula de computadores, refeitório, pátio, aula de música, etc.) podem ser dinamizados tanto em horário escolar como extra-escolar. Com freqüência, as atividades extra-escolares se centram em lazer e esportes, como se existisse um tempo para as aprendizagens instrumentais e um tempo para o resto. Tudo isso pode ser mudado.

A biblioteca costuma ser, com freqüência, um espaço triste, em que se emprestam livros e, às vezes, são feitos os deveres, mas raramente é utilizado para outras atividades e não costuma estar aberta fora do horário escolar, para que os meninos e meninas desfrutem de suas possibilidades com seus companheiros, companheiras e familiares. Um projeto que já está dando seus frutos são as "bibliotecas tutoradas". Nas bibliotecas tutoradas, há pessoas adultas (familiares e membros da comunidade) que lêem com os meninos e meninas, ajudam-nos a buscar informação nos livros ou no computador para fazer trabalhos, comentam os livros e escrevem os comentários, põem em cena um conto, organizam "o tema do mês", entre outras atividades educativas e de animação à leitura. Uma mãe voluntária, da comissão de biblioteca de uma escola do país basco, escrevia no jornal escolar:

> a primeira coisa que tentamos fazer é conseguir que vivam esse espaço chamado de biblioteca como um lugar gerador de prazer. Ouvem contos, os mais velhos lêem para os pequenos e os que ainda não sabem ler inventam as histórias, seguindo os desenhos. Cabeça contra cabeça, transmitindo-se o calor físico de seus corpos e as vibrações dos sentimentos que fazem surgir as histórias, riem e se assombram juntos, corrigem-se ou procuram impor seu protagonismo, aumentam seu vocabulário e contam suas experiências... Queremos também que a biblioteca seja um lugar para ensaiar, inventar, confundir-se para melhorar.

Em uma biblioteca tutorada, o espaço se flexibiliza e se dinamiza: em um canto, podemos ver um tapete e umas almofadas onde os menores se sentam para ler contos, também alguns computadores nos quais se buscam informações e se joga com programas de *software* educativo juntando letras e desenhos com o *mouse*. Em algumas mesas, estão fazendo deveres com uma voluntária e, em outra mesa, estão fazendo uma oficina de escrita na qual confeccionarão um livro de história para a biblioteca. Há também imprensa e livros para pessoas adultas. Pretende-se que a biblioteca seja um espaço de encontro, no qual todas as pessoas vinculadas ao centro e da comunidade possam assistir e participar de um círculo de aprendizagem intergeracional.

Além da biblioteca, outros centros optaram por dinamizar uma aula de estudo na qual meninos, meninas, rapazes e moças de diferentes idades podem ficar depois da aula para realizar trabalhos e deveres com a ajuda de uma ou mais pessoas voluntárias. Comentava-nos uma professora que, em seu centro, muitos preferiam a aula a ficar na biblioteca a jogar. A atenção que recebem, o interesse por buscar informações e resolver problemas e tarefas entre todos e todas se convertia em um motor de aprendizagem e mudança. Do mesmo modo, a aula de computadores, aberta além do horário estritamente escolar, converte-se também em um ponto de aceleração da aprendizagem através da comunicação, no qual mais velhos e menores, mães e filhas, avós e netos compartilham e se ensinam mutuamente. Poucas vezes aproveitamos, nos centros de educação infantil e ensino fundamental, o potencial das relações intergeracionais.

Famílias e comunidades que aprendem

A participação de membros da família em atividades de formação cria novas práticas letradas e novos referenciais educativos no ambiente dos meninos e das meninas, como víamos anteriormente com o caso de Sarai e a nova relação educacional criada com sua mãe, uma mulher cigana que tinha sido analfabeta.

A formação de familiares é outra das chaves para o fomento da leitura dialógica. As classes de alfabetização, informática, idiomas, catalão e/ou castelhano para pessoas imigrantes, etc. são, para muitos familiares de um centro escolar, uma forma de participação no centro para seu próprio desenvolvimento pessoal, mas sobretudo uma forma de aprender para poder ajudar seus filhos e suas filhas em suas tarefas escolares. Pais, mães, avós, irmãos mais velhos e outras pessoas do bairro podem beneficiar-se desse contexto e participar na escola contribuindo para gerar um clima de aprendizagem em toda a comunidade educacional. As atividades culturais e de animação à leitura como as tertúlias literárias, ou as tertúlias culinárias,[4] ou o grupo de teatro para adultos e crianças, que se desenvolvem em diferentes centros, são também um foco de transformação do entorno e uma forma indireta de incidir sobre a alfabetização inicial dos meninos e das meninas.

Também as atividades de alfabetização familiar em que diferentes membros das famílias (adultos, jovens, meninos e meninas) compartilham aprendizagens são um motor de motivação para a leitura. A dinamização de espaços como a biblioteca e a aula de computadores facilita freqüentemente atividades intergeracionais em que pequenos e mais velhos ensinam e aprendem conjuntamente dentro do recinto escolar. Assim, toda a comunidade participa do processo de alfabetização inicial.

CONCLUSÕES

A leitura dialógica traz consigo uma mudança na concepção da aprendizagem, já que implica a relação dos meninos e das meninas com a professora ou o professor e muitas outras pessoas adultas. Multiplicam-se as interações em relação às práticas de leitura e escrita com a participação de familiares e voluntários nas aulas e no marco escolar em geral, assim como levando atividades de leitura e escrita além do contexto da aula para a comunidade. Cabe dizer que, embora se reconheça a figura do pai ou da mãe e demais pessoas próximas aos meninos e meninas como agentes socializadores, às vezes se questiona seu potencial educacional dentro do marco escolar. Os educadores e as educadoras devem estabelecer um marco de colaboração com todas as pessoas da comunidade educacional.

A participação da comunidade implica tanto o aumento da interatividade como a transformação do ambiente alfabetizador dos meninos e das meninas, tornando possível a aceleração do processo de aprendizagem de todos a partir de seus diferentes ritmos, níveis, meios sociais, culturais e lingüísticos. A leitura dialógica cria pontes e ações coordenadas entre a escola e outros espaços que não fazem mais que multiplicar os momentos de aprendizagem e, em definitivo, aumentar as experiências de leitura para todos os meninos e meninas.

NOTAS

1. O Harvard Home-School Study é um estudo longitudinal que, durante quase 15 anos, investigou os pré-requisitos sociais nas interações de casa e da escola para o êxito com a leitura e a escrita de um grupo de meninos e meninas de famílias de baixa renda da zona de Boston.
2. Comunidades de Aprendizagem é um projeto de transformação de um centro escolar baseado na participação de toda a comunidade e na aprendizagem dialógica. O objetivo é conseguir o êxito escolar de todos os meninos e meninas para a sociedade da informação. O projeto, iniciado pelo Centro de Investigação Social e Educacional da Universidade de Barcelona (CREA) em princípios dos anos de 1990, está sendo levado a cabo, neste momento, em centros de educação infantil, de ensino fundamental e médio do País Basco, Catalunha e Aragão.
3. Contrária à idéia da heterogeneidade, uma das propostas que foram levadas a cabo em muitos centros para dar atenção à diversidade de ritmos de aprendizagem e necessidades educacionais foi o trabalho em agrupamentos flexíveis por níveis, ou a separação dos alunos com mais dificuldades para lhes dar uma atenção específica.
4. As tertúlias culinárias é um projeto desenvolvido por um grupo de pais e mães de uma comunidade de aprendizagem do País Basco (ver *Guix d'Infantil*, nº 4).

CONTEXTOS DE ALFABETIZAÇÃO NA AULA

Ana Teberosky
Núria Ribera

4

INTRODUÇÃO

Atualmente se aceita que, ao iniciar a educação infantil, os meninos e as meninas têm conhecimentos sobre a linguagem escrita. Essa idéia representa uma mudança radical em relação à visão tradicional em educação infantil que descrevia o menino e a menina como ignorantes, imaturos e necessitados de preparação antes de aprender. Duas orientações teóricas coincidiram no rechaço dessa perspectiva tradicional. Por um lado, uma orientação construtivista que defende o trabalho cognitivo por parte dos meninos e das meninas, realizado a partir de informações que provêm do ambiente familiar e social e da própria atividade do menino e da menina ao tentar escrever e ler, inclusive antes de receber instrução formal da escola (Ferreiro e Teberosky, 1979). E, por outro, uma orientação socioconstrutivista, para a qual os conhecimentos iniciais como produto de um ambiente familiar estimulante e da presença de adultos sensíveis às demandas do menino e da menina fazem parte da "alfabetização emergente" (tradução da expressão em inglês *emergent literacy*, utilizada pela primeira vez por Marie Clay, em 1977, e difundida posteriormente por Teale e Sulzby, em 1986).

Para ambas as orientações, nesse tipo de ambiente familiar, o menino e a menina estão expostos à diversidade de material impresso, observam as atividades de escrever e ler por parte do adulto, estão motivados para implicar-se e realizar tais atividades e interagem com leitores que *lhes* dirigem leituras em voz alta. Portanto, a qualidade e a quantidade de aprendizagens iniciais que as crianças têm parecem, pois, fortemente afetadas pela presença de materiais, de leitores/escritores e pelo tipo de interação que estabelecem com eles. Embora não seja o tema deste capítulo, deve-se reconhecer uma tendência mais social a partir da segunda orientação e uma visão mais evolutiva e interativa a partir da primeira. Apesar de que os fatores invocados por ambas as orientações pareçam atualmente óbvios, deve-se tê-los sempre presentes nas situações de alfabetização em aula não para imitar as atividades dessas famílias, mas para refletir sobre as atividades escolares. Neste capítulo, apresentaremos uma ilustração de como considerar esses fatores, a fim de identificar as melhores práticas para a aprendizagem inicial da leitura e da escrita.

A informação e os conhecimentos iniciais na alfabetização

As diferentes combinações que podem ser dadas entre os fatores antes mencionados: presença de materiais escritos, leitores/escritores adultos, interação com outros adultos ou companheiros, participação em atividades com adultos e atividades por parte do menino e da menina constituem uma diversidade de contextos de aprendizagem. Nesses contextos, os meninos e as meninas recebem informação de muitas fontes, de origem material ou humana, por ação, interação e/ou observação, a partir das quais se tornam possíveis os processos e emergem os produtos (Ferreiro, 1997). Temos, pois, um panorama muito mais amplo que o tradicional, em que a criança trabalhava solitária frente a uma ficha ou um livro.

Dado que a informação não é algo externo ao contexto no qual o menino e a menina aprendem, vejamos que possíveis contextos podem ser fontes de informação.

- Contexto de manipular e olhar os textos em seus suportes naturais (livros, jornais, cartas e todo tipo de portadores de texto como cartazes, rótulos, etc.) e de relação entre ações e objetos.
- Contexto de observar essas mesmas ações junto com os adultos, como olhar um livro com ilustrações, consultar o jornal para saber o horário da TV, apontar em uma agenda para registrar um número de telefone, consultar instruções para montar um aparelho, etc.
- Contexto de escutar a leitura em voz alta feita pelo adulto e de participar em intercâmbios verbais, por exemplo, sobre os nomes dos desenhos de um livro.
- Contexto de relação entre contexto e texto. Por exemplo, onde olhar no rótulo para localizar o nome de um produto, onde está escrito o nome em relação com o desenho, que aspecto têm os contos, os jornais, as cartas; que textos podem estar escritos nesses suportes, etc.
- Contexto de escrever em "voz alta", ditando a um adulto, produzindo textos extensos e participando na produção gráfica, quando o adulto faz as vezes de "escriba". Por exemplo, quando se escreve a carta ao Papai Noel ou um postal para a avó.
- Contexto de perguntar e receber respostas dos adultos e de seus próprios companheiros sobre aspectos específicos como o nome ou a forma gráfica de uma letra.

– Contexto de imitar a leitura, produzir escritas, antecipar o conteúdo de um conto, etc., para relacionar o processo, o produto escrito e a interpretação que se faz desse produto.
– Contexto de escrever por si mesmo textos longos que escutaram e memorizaram, e não apenas palavras e listas de palavras.

Ou seja, a informação provém da interação com os objetos escritos e com os leitores e escritores assim como das próprias ações do menino e da menina. Trata-se apenas de informação a partir da qual se elabora conhecimento devido à atividade cognitiva do menino e da menina.

Pois bem, diversas investigações mostram que há diferenças sociais e familiares consideráveis entre os meninos e as meninas com respeito à informação que o ambiente lhes oferece. A descrição de um ambiente ótimo que provê informação coincide fundamentalmente com a condição social dos pais de classe média e com sua condição cultural de serem leitores eles próprios e de serem sensíveis ao desenvolvimento e à educação de seus filhos. Os meninos e as meninas nesses ambientes têm informação que provém dos objetos escritos presentes em sua casa e dos adultos ocupados e preocupados com seu crescimento, além da informação proveniente de suas próprias atividades de tentar ler e escrever. Qual é a situação dos meninos e das meninas de ambientes menos favorecidos? Eis aqui uma diferença entre a perspectiva de alfabetização emergente e a construtivista: para a primeira, a situação dessas crianças é de carência; para a segunda, inclusive os filhos de pais analfabetos ou pouco letrados chegam à escola com certos conhecimentos (Ferreiro, 1997), já que, embora só possam contar com suas próprias ações e relações, e não disponham das oportunidades sociais de escutar leitura de livros e de ter livros, também são capazes de se fazer perguntas e de desenvolver idéias sobre a escrita. É importante considerar esse matiz com respeito às fontes de conhecimento, porque previne contra as rápidas atribuições de desempenhos em função do nível econômico. A atividade cognitiva individual muitas vezes atenua a influência social.

Vejamos agora uma descrição mais detalhada desses contextos, dos quais os meninos e as meninas extraem informação para desenvolver conhecimentos sobre a linguagem escrita em educação infantil.

DIFERENTES CONTEXTOS DE ALFABETIZAÇÃO NA AULA

Da relação entre ações e objetos

O *propósito* de manipular os diferentes suportes de texto é para que o menino e a menina os conheçam em si mesmos *enquanto* objetos, e não apenas para que se familiarizem com sua mensagem. Em geral, interpreta-se que a atividade do usuário com respeito a um objeto escrito (seja livro, jornal ou carta) fica reduzida à leitura do conteúdo do texto, sem considerar toda a diversidade de ações específicas possíveis ou de outras atividades compatíveis com eles. Porém os diferentes tipos de objetos escritos podem dar lugar a atividades diferentes, muitas das quais já estão orientadas desde o próprio suporte. Assim, por exemplo, a apresentação, a disposição gráfica e as formas de compaginação das páginas dos suportes escritos são informativos do tipo de atividades que podem ser realizadas com eles. Por exemplo, um conto pode ser lido de maneira linear do princípio ao fim, mas não os dicionários, as listas telefônicas ou os horários de transporte, que são organizados mais para uma consulta do que para uma leitura linear. Segundo Waller (1998), a forma, a configuração gráfica e a tipografia dos suportes influem nas estratégias que os usuários devem adotar, tanto para diferenciar entre ações de "buscar", "ler" e "olhar" como as combinações entre elas.

Portanto, poderiam ser programadas na aula ações com os suportes, por exemplo uma classificação dos mesmos em função das atividades específicas às quais podem dar lugar: os livros com ilustrações para olhar e ler, os dicionários para buscar e consultar, as cartas para ler, etc. Também fazer circular as expressões lexicais que se utilizam para denominá-las: "buscar", "folhear", "assinalar", "ler", etc.

Essas atividades específicas com o gráfico não são as únicas; podem ser ampliadas incorporando-se outras atividades compatíveis. Assim, por exemplo, incorporar as possíveis respostas do usuário, realizadas a partir do lido, respostas tais como comparar os suportes ou os textos, tomar uma decisão, responder à mensagem escrevendo outra, rechaçá-la, repetir a mensagem, comentá-la, etc. Também nesse sentido poder-se-ia programar em aula uma classificação dos suportes em função das respostas compatíveis a que podem dar lugar: os livros com ilustrações podem ser selecionados para ler e olhar, e se podem comparar, as cartas podem ser lidas e respondidas, a poesia pode ser lida, memorizada e recitada, etc. Como vemos, é possível fazer uma classificação dos suportes que se apóie não apenas em seu conteúdo, mas também nas ações que se realizam com eles.

As ações realizadas com os textos, e não apenas com os suportes, também podem dar lugar a certas diferenciações. Por exemplo, o texto pode ser atuado frente a um espectador (e dá lugar ao drama), pode ser falado frente a um ouvinte (e dá lugar à épica), ou pode ser cantado frente a uma audiência (e dá lugar à lírica, segundo a reflexão de Frye, 1957, citada por Waller, 1998). Drama, épica e lírica são os gêneros clássicos desde Aristóteles.

Por outro lado, a forma gráfica e a paginação também podem orientar outras diferenciações. Assim, os espaços em branco que delimitam diferentes unidades gráficas, tais como a palavra, a linha e o parágrafo (ou, inclusive, a coluna e a página) têm não apenas função gráfica, mas também funções lingüísticas (semânticas, sintáticas e textuais, Kress, 1993). Os espaços em branco entre grupos de letras separam unidades lexicais (palavras), as linhas podem estar em relação com unidades gramaticais e a página anuncia um novo tema. Isso fica claro nas interrupções: uma interrupção da linha dá lugar a uma lista, a uma frase ou a versos; a interrupção de um parágrafo deve-se a uma mudança temática; uma interrupção da página cria uma mudança de capítulo.

Os dois maiores gêneros da linguagem, poesia e prosa, têm uma representação tipográfica muito clara em relação com a função da linha e dos espaços em branco. Os poetas têm essa "consciência tipográfica" da escrita, já que utilizam as separações para as estrofes e para os versos com funções lingüísticas e comunicativas (tal como se pode ver no seguinte poema, em francês, de Jacques Prévert); em troca, escreve-se a prosa de forma linear, isto é, sem interrupções da linha.

Quartier libre
J'ai mis mon képi dans la cage
et je suis sorti avec l'oiseau sur la tête
Alors
on ne salue plus
a demandé le commandant
Non
on ne salue plus
a répondu l'oiseau
Ah bon
excusez-moi je croyais qu'on saluait
a dit le commandant
Vous êtes tout excusé tout le monde peut se tromper
a dit l'oiseau.

Nesse poema, Prévert usa a separação em linhas à guisa de pontuação. Se o texto fosse disposto com pontuação, segundo a estrutura sintática esse recurso ficaria mais evidente. Embora isso desde logo signifique desnaturalizar o poema, o fazemos com fins pedagógicos. O poema de Prévert se presta a esse procedimento por seu conteúdo narrativo, mas não é aplicável a todos os poemas.

J'ai mis mon képi dans la cage,
et je suis sorti avec l'oiseau sur la tête.
Alors, on ne salue plus – a demandé le commandant.
Non, on ne salue plus – a répondu l'oiseau.
Ah bon, excusez-moi je croyais qu'on saluait – a dit le commandant.
Vous êtes tout excusé tout le monde peut se tromper – a dit l'oiseau.

Vejamos agora como ficaria disposto em texto contínuo, também com pontuação:

J'ai mis mon képi dans la cage, et je suis sorti avec l'oiseau sur la tête. Alors, on ne salue plus – a demandé le commandant. Non, on ne salue plus – a répondu l'oiseau. Ah bon, excusez-moi je croyais qu'on saluait – a dit le commandant. Vous êtes tout excusé tout le monde peut se tromper – a dit l'oiseau.

Os diferentes suportes, os textos, as formas gráficas e as ações associadas a eles dão lugar a contextos e oferecem informação, a partir da qual os aprendizes leitores e produtores constroem seu conhecimento. Oferecem informação gráfica, mas também genérica, textual e lingüística. Categorizar os suportes *enquanto* objetos escritos é uma categorização de todas as possíveis formas materiais da escrita. A escrita não ocorre fora de algumas dessas realizações materiais concretas (Ferreiro, 1997). Ou seja, por definição, a escrita precisa de uma superfície material para tornar-se visível. Vários séculos de cultura letrada transformaram essas superfícies em livros, jornais, revistas, etc.

Os meninos e as meninas em processo de alfabetização têm uma "noção intuitiva" dessas diferenças entre suportes, textos, organização gráfica e tipográfica, tanto na possibilidade de reconhecimento dos diferentes suportes e ações associadas a eles, como na produção de seus próprios textos, que imitam as formas convencionais. Assim, pode-se exemplificar com os seguintes textos de uma receita de cozinha (com uma apresentação diferenciada entre o corpo da instrução e o corpo da lista de ingredientes) e de uma notícia jornalística (com recurso a títulos e colunas. Ver Figura 4.1).

Essa "noção intuitiva" não pode ser reduzida a uma idéia ingênua nem equiparada ao conhecimento técnico de uma taxonomia de gêneros. Entretanto, pode ser explorada do ponto de vista pedagógico para trabalhar com os

FIGURA 4.1 Receita de marmelada (em catalão) de uma menina de 5 anos.

contextos nos quais os suportes, textos, gêneros, etc., se apresentem como *objetos em si mesmos* para sua exemplificação ou reconhecimento.

De observar ações dos adultos

Como leitor/escritor, o adulto exemplifica as funções dos suportes materiais e dos textos em suas ações de ler e escrever. A observação dessas ações é outro contexto de *aprendizagem em ação*. Pois bem, muitas vezes a função fica implícita e, embora a ação possa ser imitada pelo menino e pela menina, não se compreende a função. Para que o contexto de observação cumpra objetivos pedagógicos, deve não apenas tornar-se explícita, mas também participativa, por parte do menino e da menina.

Vamos apresentar o caso particular de ler e olhar um livro com ilustrações para exemplificar os objetivos de aprendizagem dos recursos visuais e de aprendizagem verbal (da qual falaremos na próxima seção). Nesse caso, é importante a seleção dos livros para tornar explícitas as possibilidades de aprender através de participar e observar. Por exemplo, se o critério de seleção é a relação entre ilustração e texto, pode-se escolher entre livros: nos quais predomine a ilustração, como no álbum infantil; que predomine o texto, como nas enciclopédias ou nos livros de contos; ou que haja uma interdependência entre ambos, como nos quadrinhos. Ambos os meios de expressão, ilustração e texto, coexistem, às vezes de forma justaposta, outras com uma relação complexa. As relações podem ser de repetição, de substituição, de contradição, de contraste ou de complementação.

Se, em troca, o critério de seleção se faz segundo as diferentes funções da ilustração, então pode-se optar entre função decorativa, expressiva ou narrativa. A partir dos diferentes critérios, podem ser realizados vários trabalhos pedagógicos. Por exemplo, o desenho dos quadrinhos pode ser útil para antecipar o texto, o conto conhecido e memorizado pode ajudar a interpretar a ilustração, e o desenho narrativo pode servir para sustentar a produção oral de linguagem narrativa.

Os meninos e as meninas em processo de alfabetização diferenciam claramente entre desenho e escrita: não confundem o desenho de um gato com seu nome escrito. É claro que, para eles, trata-se de duas formas simbólicas diferentes. Dizem que "é um gato", assinalando a imagem, porque identificam o referente do desenho; e "põe gato, seu nome", assinalando o texto. Mas não sabem o porquê dessa diferença, não sabem interpretar todas as ilustrações, nem tampouco compreendem a variedade de relações entre desenho e texto, que muitas vezes são complexas. Por isso é importante chamar sua atenção sobre os aspectos figurativos próprios da ilustração (comparando entre desenho e objeto real) e ausentes na escrita e sobre os aspectos de alinhamento, ou seja, de disposição sobre a linha, próprios da escrita e não necessariamente presentes na ilustração. Além disso, ajudá-los a interpretar as ilustrações, aproveitando essas oportunidades, para ensinar a olhar segundo as dimensões de tamanho, perspectiva, cor, posição, etc., dos desenhos ou fotografias. Mostrar, por exemplo, a importância da direção do olhar, a função do tamanho e da perspectiva, o valor e beleza da cor, etc. E, finalmente, ajudá-los a compreender as diferentes relações entre desenho e texto, que não se reduzem apenas à repetição.

De escutar a leitura em voz alta

Com freqüência, alguns pais lêem contos para seus filhos, com o objetivo de entretê-los e compartilhar uma atividade, por exemplo, antes de dormir. Porém, a leitura pode ter também *propósitos* concomitantes de *aprendizagem,* alguns de sentido amplo, como ficar habituado ao estilo formal da linguagem escrita, e outros mais analíticos, como reproduzir o discurso direto dos personagens ou aprender um *vocabulário* novo.

Embora haja discussão sobre as excessivas generalizações que se possam fazer a partir de experiências que são próprias de famílias de classe média, vários autores assinalam que há grandes diferenças entre meninos e meninas segundo tenham ou não participado nesse tipo de atividades (Mason, 1992). Essas diferenças poderiam ter conseqüências na preparação das crianças para a aprendizagem escolar. Nessas situações de leitura em voz alta, muitos adultos favorecem atividades participativas estabelecendo um diálogo com o menino e a menina. Na leitura dialógica, os adultos aumentam suas perguntas e solicitam respostas das crianças além da simples leitura do texto. As oportunidades de escutar e participar em leituras dialógicas fazem parte de um contexto de aprendizagem (ver Capítulo 2 neste mesmo volume). Por exemplo, graças a ter participado em situações de interação com leitura de livros, os meninos e as meninas podem aprender um vocabulário novo.

Alguns estudos mostraram que os livros contêm 50% mais de palavras não-familiares e de difícil compreensão do que as conversas ou os programas de televisão (Nagy, Herman e Anderson, 1985; Robbins e Ehri, 1994). Quando os adultos lêem livros, usam muito mais palavras não-familiares do que na conversação. Outros estudos examinam o crescimento do léxico, assinalando que, se os meninos e as meninas aprendem aproximadamente cinco palavras novas por dia, entre os 4 e 5 anos, duas das cinco podem vir da leitura de contos (Sénéchal, Thomas e LeFevre, 1995). Isto é, a leitura é uma contribuição fundamental para o aumento do vocabulário. Isso tem importância não apenas porque se conhecem mais palavras, mas porque os meninos e as meninas familiarizados com o vocabulário dos livros compreendem melhor os textos. Em particular, mais adiante compreenderão melhor os textos com grande diversidade e densidade de vocabulário como são os de estudo (ver Capítulo 9 neste mesmo volume). Portanto haveria uma relação recíproca entre desenvolvimento do vocabulário e familiaridade com textos.

De escrever em "voz alta", ditando ao professor

Mesmo antes de o menino e a menina serem capazes de escrever por si mesmos, podem ditar para um adulto, que fará as vezes de "escriba". O *propósito* do ditado ao adulto é o de ajudar a produzir um *estilo formal de linguagem*. O adulto pode ser um pai ou o professor. Embora, na tradição de educação infantil, o professor escrevesse apenas para deixar um modelo que os alunos deviam copiar, ele pode fazê-lo no lugar das crianças. Para isso, é necessário levar em conta a diferença entre a escrita da linguagem e a linguagem escrita. Por exemplo, os meninos e as meninas pré-escolares distinguem entre registros formais e cotidianos, entre diferentes gêneros, e são capazes de relacionar essas diferenças com as modalidades oral e escrita. Reconhecem e produzem as formas discursivas associadas à linguagem escrita mesmo antes de serem capazes de ler ou de escrever por si próprios.

Essa capacidade de variação e contextualização da linguagem pode ser aproveitada pedagogicamente (ver Blanche-Benveniste neste mesmo livro). Dependendo do texto e dos conhecimentos dos alunos, o professor poderá fazê-los participar, em menor ou maior medida, nos diversos conteúdos e aspectos do processo de escrever. O professor pode fazer perguntas sobre o conteúdo da mensagem, isto é, sobre a linguagem que se escreve. Mas também pode centrar a atenção nos aspectos gráficos da escrita: nas letras, nas palavras, na correspondência fonográfica ou nos procedimentos mais gerais do ato de escrever, tais como a direção, o alinhamento ou a organização geral do espaço gráfico. Como se pode observar, isso ocorre no seguinte exemplo:

- Uma professora pergunta: "O que escrevo? Mochila? Como começa?"
- Depois, propõe uma segmentação da palavra: "Mo Mm-moooo....
- E sugere alguma comparação: "Começa que nem o nome de alguma criança da turma?"
- Descreve o ato de escrever e dá informação: "Primeiro o eme, esta assim... como Montse, um eme e um o, já temos mo (MO)".
- Converte o processo de escrever em uma situação-problema: "Até aqui, o que é que eu pus? Me falta algo? O que falta?".
- Dá informação sobre o espaço gráfico: "Agora, tenho que escrever seguindo ou abaixo?".

Em outra oportunidade, os meninos e as meninas podem ditar uma história conhecida, tendo como referência as leituras realizadas em classe. Nesses casos, a atenção pode ser centrada na organização das unidades lingüísticas mais longas, no vocabulário ou na construção do texto como um todo. Também nos aspectos gráficos do texto, tais como sinais de pontuação, espaços e paginação. A professora pode insistir no título ou na fórmula de começar; pode também tornar explícito o procedimento de reler o escrito para saber onde está, como continuar ou como introduzir modificações dentro do próprio texto.

A escrita no quadro-negro é para toda a classe, mas também se pode escrever no papel para um pequeno grupo ou para uma criança em particular. Pensando e construindo textos ditados ao professor, as crianças aplicam conhecimentos, resolvem problemas e, sobretudo, aprendem a usar uma linguagem formal em atividades significativas de escrita, adequando o vocabulário, a estrutura e o conteúdo de seus textos aos objetivos perseguidos.

Como ilustração desse procedimento, apresentamos alguns textos recolhidos por M. Pascucci (2001) e ditados por crianças de 4 anos a sua professora, nos quais expressam e comunicam seus sentimentos.

> *Yuri:*
>
> *Estou chateado contigo, porque fizeste duas coisas que não se faz.*
> *Primeiro: tiraste a azeitona –, o que não se faz.*
> *Segundo: me roubaste o preto e eu tinha que fazer o cabelo de minha mamãe.*
> *Como tinha de fazer ela? Careca?*
> *E depois, por que me deste um pontapé?*
> *Eu não te fiz nada.*
> *Te comportas mal... bates nas crianças!*
> *Isso não se faz!*
>
> *Marco*

Yuri dita a resposta a Marco, que a professora escreve:

> *Querido Marco:*
>
> *Estou chateado contigo porque pegaste minha garrafa.*
> *Tu fizeste essa carta tão feia... em que disseste que sou mau.*
> *Não vou ser teu amigo pelo resto da vida!*
> *Mas depois... eu durmo... e sou de novo teu amigo.*
>
> *Yuri*

Como assinala Pascucci, "o docente dá sua mão e seu tempo para escrever o que, aos meninos e as meninas, interessa comunicar", a escrita lhes facilita novas formas de analisar a linguagem que utilizam, os conteúdos que comunicam, seus pensamentos e, nesse caso, sentimentos. A escrita lhes ajuda a analisar seus sentimentos e os dos demais, a compartilhá-los e a buscar soluções.

Pode-se observar, na disposição do texto escrito pela professora, um uso da linha à guisa de pontuação, como no poema de Prévert (comentado na seção da p. 74 e ss.), com funções não apenas gráficas, mas também lingüísticas: cada linha representa um ato de fala, transformado em um "ato de escrita", que enuncia um evento ou comenta esse evento.

De fato, a correspondência entre meninos e meninas na aula, entre meninos e meninas de diferentes escolas é um recurso ideal para escrever, ler e conhecer um tipo de texto, o epistolar, em situações reais, nas quais as crianças participam ativamente. Uma das vantagens do gênero epistolar é sua natureza interativa: Yuri e Marco se escrevem e, portanto, o destinatário está muito presente. Quando Yuri responde, leu (ou escutou da voz da professora) a carta de Marco. Isso os impulsiona a passar alternativamente da posição de leitor à de escritor. Para escrever a resposta, torna-se necessário ler a carta recebida e levar em conta seu conteúdo. Essa ocasião de ditado de cartas produz, além disso, múltiplas possibilidades aos docentes para induzir o uso de certos formatos-padrão (fórmula inicial com o nome do destinatário, data, fórmula de despedida, nome do autor, etc.).

Na escola, o professor também escreve seus próprios textos: para comunicar-se com outras pessoas, com freqüência com os pais das próprias crianças; para organizar seu trabalho como docente ou para todo o grupo, levando um diário de classe que, juntamente com outros registros (fotografias, vídeo), colaboram para criar um sentido de identidade e de pertença ao grupo. Nesses casos, o docente pode compartilhar com os alunos o que escreveu e tornar explícita sua função. Tudo isso será um elemento a mais para que vão aprendendo os diferentes usos da linguagem escrita.

Em resumo, escrevendo através do professor, os meninos e as meninas podem aprender a escrever, sem que seja necessário esperar a dominar as formas gráficas da notação escrita. Quando o professor se faz de "escriba", toma uma posição vicária a respeito de algumas capacidades que meninos e meninas ainda não dispõem, mas dá lugar a que exercitem e melhorem outras que já possuem. Com sua ajuda, suas perguntas e seu controle sobre o processo, os meninos e as meninas integram conhecimentos novos com outros que já possuíam. A partir de observar, participar no procedimento, perseguir propósitos e elaborar um texto de forma compartilhada, os meninos e as meninas aprendem aspectos da linguagem escrita que não poderiam aprender com a simples cópia do resultado final.

De perguntar e receber respostas

Os contextos anteriores de compartilhar livros, de leitura em voz alta e de ditado para o professor costumam dar lugar a perguntas por parte de meninos e meninas. O *propósito* de criar um contexto de perguntas e respostas é incitar a obter informação, elaborar compreensão, resolver dúvidas e raciocinar sobre a escrita e a linguagem escrita. Desse modo, evita-se o alunado que não está motivado a fazer perguntas e os contextos educacionais que não oferecem respostas nem geram perguntas. As investigações mostram que ensinar a fazer perguntas ajuda na compreensão do que é lido e que a porcentagem de perguntas aumenta quando há um tutor humano que favorece as perguntas e oferece respostas (Palincsar e Brown, 1984).

As perguntas podem ser centradas no conteúdo do discurso (e, algumas vezes, também na forma do discurso) ou na escrita, como sistema gráfico de representação. Iremos nos deter nesse aspecto gráfico da escrita. Investigações prévias tinham mostrado que os meninos e as meninas desenvolvem conhecimentos sobre as unidades gráficas, assim como sobre a combinação das mesmas na escrita (Ferreiro e Teberosky, 1979). Nos contextos anteriores e especialmente no contexto de produzir uma escrita, os meninos e as meninas necessitam conhecer as unidades, a fim de poder recorrer a procedimentos para delimitá-las (Ferreiro, 2002). Assim ocorre com a palavra como unidade e também com as letras e suas combinações. No caso das letras, pode-se oferecer à criança dois tipos de informação: as letras como grafias, ou seja, como unidades gráficas exclusivamente, ou a letra como grafema, unidade bilateral constituída como signo composto por significante e significado (Gak, 2001). A letra como grafia faz referência, por exemplo, às diferentes figuras de uma mesma unidade do sistema (por exemplo, < G, g, G, g>);[1] a letra como grafema faz referência à relação entre a grafia e o valor fonêmico.

A criança deve integrar ambos os tipos de informação, para compreender o princípio de organização alfabética de relação fonográfica. Do ponto de vista evolutivo, as investigações sugerem que a identificação das unidades sonoras está ligada à delimitação das unidades gráficas, mas, para chegar à correspondência fonográfica, se requer uma operação cognitiva adicional: a estabilização e igualação de ambos os tipos de unidades (Ferreiro, 2002). Desenvolver capacidades de delimitação de unidades gráficas implica começar a compreender que o sistema alfabético de escrita funciona com base em signos gráficos, ao mesmo tempo que ajuda a compreender como esses signos se relacionam com os sons. Desenvolver capacidades de segmentação sonora necessárias para o princípio de correspondência fonográfica implica segmentar as unidades dentro de um contínuo, operação que não se desenvolve separadamente da construção das unidades gráficas.

Embora, na linguagem oral, os meninos e as meninas sejam capazes de diferentes tipos de delimitações sonoras, eles não chegam a considerar os elementos segmentados como unidades em sentido estrito. No caso da linguagem escrita, não ocorre o mesmo, as unidades gráficas se apresentam como unidades, embora requeiram os procedimentos de delimitação e de identificação por parte da criança, procedimentos que são dependentes entre si (Gak, 2001). Isso pressupõe certas dificuldades para o aprendiz, que se explicam porque as unidades formam uma continuidade na qual não é fácil estabelecer linhas de demarcação claras, nem na linguagem oral, nem em algumas formas de escrita cursiva.

Portanto, a delimitação das letras desempenha um papel tão importante na aprendizagem das unidades da escrita quanto a delimitação dos fonemas. E mais, ambos são procedimentos relacionados um com o outro. Sua importância se entende quando se adota uma perspectiva de interação entre unidades gráficas e unidades sonoras, e não apenas uma idéia de aplicação do sonoro ao gráfico (como na maior parte das investigações sobre *phonological awareness*). Ferreiro (2002) sustenta que da interação entre unidades fônicas e gráficas surge uma nova unidade, que não preexiste a esta relação. Dessa sugestão, pode-se deduzir que a experiência com um sistema gráfico ajuda a desenvolver essa unidade, que varia em função do tipo de sistema de escrita.

Nos contextos de leitura em voz alta, de ditado e de escrita, a criança costuma identificar as letras por seu nome ou por pertencer a outra escrita familiar, e perguntar sobre elas. Quando a informação provém do ambiente extra-escolar, a identificação com nomes de letras "precede regularmente à de seu equivalente sonoro enquanto valor fonético" (Ferreiro e Teberosky, 1979, p. 66). Essa precedência é devido ao uso cultural da ordem alfabética para classificar objetos. Em muitos casos, o nome informa também sobre o valor fonético (é assim nas vogais e nas consoantes cujo nome tem valor silábico, porque se compõe de consoante e a vogal /e/, como "dê", "bê", "cê", etc.).

A necessidade de igualação e estabilização se compreende quando se pensa nos muitos contextos nos quais o menino e a menina podem ver as letras: livros de contos, jornais, publicidade, cartas; com letras de diferentes fontes, de formas maiúsculas e minúsculas, manuscrita e imprensa, etc. Em nossa escrita românica, pode haver até quatro tipos de fontes diferentes para um mesmo grafema – que hão de ser igualadas – em correspondência com um único fonema – que há de ser estabilizado (Díaz, 2001). A leitura compartilhada, o ditado ao adulto e a escrita são boas ocasiões para tais tarefas cognitivas.

De suas próprias ações de escrever

A *insistência* na tarefa de escrita deve-se a que é uma das *mais exigentes* na alfabetização inicial: não apenas dá lugar a um produto, o texto, mas também põe em jogo procedimentos de produção e de controle através da leitura da própria escrita. Na situação de escrita entre uma dupla de crianças se põe claramente em evidência essa interação e as aprendizagens a partir de escrever e ler a própria escrita, sobretudo quando se dá entre diferentes concepções sobre como se escreve. Assim ocorre no seguinte exemplo:

Juan escreveu AAA, para a palavra "batata" (uma vogal com valor sonoro para cada sílaba).

Irene, sua companheira, escreveu RIDONE, para a mesma palavra "batata" (pôs um conjunto de letras sem valor sonoro convencional). Olhando para a escrita de Juan, diz: "Três letras iguais não se podem ler".

Juan fica perplexo, repassa seu texto e confirma: ba-ta-ta (fazendo corresponder uma sílaba a uma letra), e diz: "Para escrever é assim, mas, para ler, faltam algumas", e acrescenta duas letras, uma entre cada A, sem buscar correspondência sonora, e fica ALASA.

Os dois se mostram satisfeitos com esse resultado. Ao olhar o que Irene escreveu, conhecendo o valor sonoro das vogais, Juan diz: "Iii, iii, batata não tem I, olha: 'baaaa-taaaa-taaa', tem A".

Irene aceita o comentário e, ajudada por Juan, muda todas as vogais de seu texto pela vogal A. Usando esse procedimento, chegam à escrita de RADANA, que os dois dão por boa.

Nesse exemplo, reconhece-se a exigência de variedade interna que, junto com a exigência de quantidade mínima, faz parte do conhecimento gráfico desenvolvido pelos meninos e meninas sobre a estrutura interna das palavras (Ferreiro e Teberosky, 1979). Além disso, pode-se ver que cada um dos participantes se fez de leitor do que o outro escreveu, compartilhando seus conhecimentos e relacionando o oral, a escrita e a leitura. A escrita em duplas é também uma situação ideal para que o professor introduza questões como a estabilidade e a convencionalidade do escrito: pode-se escrever "batata" de duas maneiras diferentes? Duas escritas diferentes podem dizer o mesmo? E para instar meninos e meninas a buscarem soluções para esses problemas.

Na interação com o computador, pode também ser posta em evidência a aprendizagem a partir de escrever e ler. Os meninos e as meninas têm cada vez mais oportunidades de escrever com editor de texto, que apresenta certas diferenças em relação à escrita manual. Por um lado, escreve-se com as duas mãos e não apenas com uma. Além disso, o universo gráfico se apresenta todo junto no teclado: a criança não tem de evocar as letras, mas pode reconhecê-las, e sua tarefa não consiste em realizá-las, mas em selecioná-las; por outro lado, o editor de textos libera a criança de controlar a direção da escrita (Clay, 1991). Além disso, estão presentes outros sinais gráficos: ponto, vírgula, ponto de interrogação, etc. e o espaçador, que é uma tecla muito maior que as demais e recorda à criança que, de quando em quando, deve-se separar. As diferentes fontes se apresentam também com opções do teclado, o que pode facilitar a igualação e estabilização das letras antes mencionadas (ver Teberosky neste mesmo volume). Alguns professores assinalam que as crianças estão muito motivadas a escrever com editor de texto, e esse atrativo do contexto informático também pode ser aproveitado pedagogicamente.

De produzir textos longos

O *propósito* de criar contextos de produção de textos longos é que os meninos e as meninas aprendam *aspectos discursivos e textuais* da linguagem escrita. Uma idéia bastante arraigada em alfabetização inicial orienta a organização das atividades de leitura e escrita de uma perspectiva seqüencial e aditiva: primeiro a palavra e depois o texto, primeiro ler e depois escrever. No caso dos textos, há uma idéia de que a dificuldade está em relação com o comprimento: as palavras, as frases e os textos preferentemente curtos. Procedendo dessa maneira, o professor perde a oportunidade de que os alunos e as alunas confrontem a informação que afeta a palavra com a informação que afeta os textos.

Além dos signos alfabéticos, os textos comportam um subsistema não-alfabético. Esse subsistema pode incluir sinais, como os de pontuação; ou ausência de signos, como os espaços em branco entre palavras ou entre linhas; alternâncias dos mesmos signos, como as maiúsculas e as minúsculas; abreviaturas; ou marcas de ênfase, como o sublinhado ou o negrito, etc. Alguns desses signos fazem parte do sistema gráfico e são compartilhados por várias ortografias, outros são próprios do sistema ortográfico de uma língua determinada.

No sistema alfabético, muitos desses subsistemas giram em torno da idéia de palavra: desde a ortografia de palavras, a separação entre palavras, as alternâncias ou as restrições na posição inicial ou final da palavra de determinadas grafias, a pontuação entre palavras, até a abreviatura de palavras (Ferreiro, 2002). Outros estão apenas presentes na escrita de textos: são assim os sinais de pontuação, os brancos no começo e final da linha para indicar parágrafos, a centração na página dos títulos, a paginação, as colunas, etc.

Diferentemente da proposta pedagógica de alfabetização seqüencial e aditiva, as recentes investigações mostraram que os meninos e as meninas são capazes não apenas de reconhecer diferentes tipos de texto, mas também de produzi-los, inclusive antes de dominar a escrita do ponto de vista gráfico (Teberosky, 1992).

Em resumo, essa proposta de diversificar os contextos de aprendizagem na aula reconhece explicitamente a alfabetização como um contínuo, que começa antes da escola, inclui ambos – leitura e escrita – e implica um complexo processo de conceitualização por parte do aprendiz. Reconhece também o ensino como uma prática necessária que, realizada em diferentes contextos, garante a significação das aprendizagens. A leitura e a escrita seguem uma progressão evolutiva no tempo, mas é uma progressão que é profundamente influenciada pelo contexto em que se desenvolve: as crianças da mesma idade diferem a esse respeito, assim como diferem em diferentes idades, em distintos grupos humanos. Por isso, as propostas e alternativas educacionais devem influir sobre o contexto de desenvolvimento: variando os materiais escritos, seu uso e sua circulação, assim como as possibilidades de participação de meninos e meninas através de suas ações de escutar alguém ler, perguntar, ditar e escrever.

NOTA

1. Adotamos a convenção de transcrever os grafemas entre <> e os fonemas entre //, seguindo a proposta de Díaz (2001).

PRIMEIRAS ESCRITAS EM SEGUNDA LÍNGUA E CONTEXTO MULTILÍNGÜE   5

Ana Teberosky
Cristina Martínez i Olivé

INTRODUÇÃO

Nossa proposta de ensino da leitura e da escrita leva em conta, por um lado, *como* as crianças aprendem e, por outro, *o que* lhes ensinar (Teberosky, 1992). A consideração do *como* implica uma teoria sobre o menino ou a menina em desenvolvimento e a consideração do *que* pressupõe assumir a complexidade do objeto de ensino, a língua escrita, como algo complexo e multifacetado. Esses dois aspectos justificam nossa insistência em abandonar as práticas homogêneas nas aulas, práticas que em geral estão guiadas por um único método. Porém a realidade atual das escolas traz um novo dado: o tipo de aluno está mudado. Portanto agora deveriam ser mudadas as práticas mais homogêneas, não apenas por razões evolutivas do processo de aprendizagem dos alunos e das alunas e por razões epistemológicas do tipo de objeto de ensino, mas também por razões sociais. Parafraseando Pierre Bourdieu, poderíamos dizer que o ensino tem que mudar para sobreviver em uma escola em que os alunos e as alunas mudaram (Bourdieu, 1993, p. 124). Se isso não ocorresse, a escola não estaria dando uma resposta adaptada à atual realidade social dos alunos.

Como conseqüência dos processos migratórios, a população que se alfabetiza é cada vez mais diversa, e isso teria que fazer mudar também a perspectiva instrucional e as exigências educacionais. As populações que emigram trazem consigo línguas, culturas e tradições diferentes das nossas. É o que ocorre nas escolas da Catalunha, e a isso corresponde grande parte dos debates políticos, educacionais e científicos sobre o bilingüismo sob a nova forma de multilingüismo e sua relação com os processos de alfabetização. Por sua vez, a situação escolar das escolas catalãs é de bilingüismo (catalão-castelhano):

o ensino é iniciado em catalão, uma das duas línguas da comunidade, e continua em castelhano. Até há pouco, a população que se alfabetizava nas escolas catalãs era monolíngüe ou bilíngüe, devido aos processos de migração interna do Estado Espanhol, mas compartilhava o mesmo marco cultural de referência ou um marco próximo. Além disso, devemos contar com a presença da minoria cigana e de alunos e alunas estrangeiros. Mas o novo da situação atual é a presença maciça de população de origem imigrante.

A segunda característica dessa migração é sua diversidade, fato que alterou significativamente a proximidade lingüística e étnica dos alunos e alunas devido à grande variedade de origens migratórias que apresentam diversidade de línguas familiares, de sistemas de escrita, de formas de notação gráfica e de valores letrados. Além disso, esses alunos apresentam também uma variedade de experiências culturais e familiares em relação ao escrito, assim como de oportunidades de aprendizagem e acesso à escrita na língua familiar. Para grande parte dessa população, a mudança não consiste apenas na mudança de país, mas também em uma mudança de estilo de vida, de exigências educativas e de língua. O que provoca uma situação de "interrupção cultural". A língua oral da escola para os alunos e alunas de origem imigrante pode ser a segunda ou terceira língua, mas as experiências com a língua escrita podem ser primeiras. Portanto a diversidade deixou de ser apenas uma questão de diferenças individuais, passando a ser uma questão social, cultural, lingüística e escrituras.

Nesse contexto de diversidade, é realizada a primeira alfabetização em uma segunda língua. Por isso insistimos no abandono das práticas homogêneas nas aulas ou do método único. Como aprendem os meninos e as meninas em um contexto multilíngüe, quais são suas competências, que recursos poderiam utilizar os professores nesses contextos e como se dá a primeira alfabetização em uma segunda língua serão alguns dos temas que trataremos neste capítulo.

A SITUAÇÃO LINGÜÍSTICA ATUAL DAS ESCOLAS DE EDUCAÇÃO INFANTIL

A população imigrante atual que se distribui na geografia catalã constitui uma população altamente heterogênea tanto do ponto de vista lingüístico, como étnico-cultural. Os últimos dados dos anos de 2000-2001 indicam que os alunos de origem imigrante na Catalunha constituem cerca de 2,75% do total da população escolar de ensino fundamental e médio; e, em Barcelona, em torno de 3,27%. A maioria dessa população (72,39%) se escolariza em escolas públicas (Carrasco, Ballestín, Herrera e M. Olivé, 2002). Prevê-se que essa situação aumente e que a diversidade lingüística e acadêmica nas classes cresça devido a essa mudança demográfica (Siguan, 1998; Verhoeven e Durgunoglu, 1998).

Atendendo em nível educacional, observa-se que em educação infantil a população estrangeira na Catalunha constitui 5,27% do total de alunos e alunas. Em função das áreas ou zonas de origem familiar[1] e por ordem de representatividade numérica, podemos observar que os alunos e as alunas provenientes das Américas Central e do Sul são os mais representados numericamente nas escolas públicas, entre os quais encontramos principalmente famílias oriundas do Equador, da República Dominicana e do Peru. Em segundo lugar, os que vêm da área do Magreb, sobretudo de diferentes zonas de Marrocos. Depois, há famílias oriundas da Ásia e da Oceania igualmente representadas pelo Paquistão e pelas Filipinas.

Como conseqüência dessas mudanças demográficas, o contexto em que é realizada atualmente a alfabetização em muitas de nossas escolas é de multilingüismo. Na realidade, trata-se de um contexto multilíngüe em um programa de educação bilíngüe.

AS COMPETÊNCIAS DO ALUNADO EM UM CONTEXTO MULTILÍNGÜE

Falamos de "contexto multilíngüe" e não de indivíduos multilíngües, nem da aprendizagem multilíngüe, como se fosse algo que ocorre no ambiente, mas não entre os falantes. A justificativa dessa escolha se encontra nas características dos alunos e alunas multilíngües e na dificuldade de avaliar suas competências.

Com efeito, quando se trata de averiguar o que é ser multilíngüe, parece não haver problema em responder sobre a quantidade de línguas: toda pessoa competente em mais de duas línguas. O problema surge quando temos de definir o tipo de competência e o processo de aprendizagem. Seria a competência para falar mais de duas línguas, ou para entendê-las, ainda que se fale apenas uma? É a competência no nível oral ou no nível escrito? Trata-se de uma distribuição mais fina entre falar, entender, ler e escrever? No caso dos meninos e das meninas em processo de aprendizagem, impõe-se a idéia de competências parciais, de conhecimentos imperfeitos, de um saber aproximado, de distribuições diferentes segundo as circunstâncias, de uma gradação segundo os objetivos, segundo os gêneros, de diversificação de competências segundo os níveis fonológico, sintático e lexical. Por isso a aprendizagem lingüística está deixando de ser concebida como a constituição de um saber indiferenciado e global, "a língua" ou "a escrita" (entidade abstrata, igual para todos os indivíduos e para todas as épocas) para passar a ser o resultado de muitas competências postas em prática durante o curso dessa aprendizagem (Street, 1993; Marquilhas, 2002).

A toda essa complexidade, acrescenta-se além disso o fato de que muitas vezes essas competências vão-se perdendo por falta de uso, ou vão-se aprendendo novas competências no decorrer do tempo. Assim, não há uma simples definição e talvez haja muitos níveis distintos de multilingüismo, inclusive em uma mesma pessoa, ao longo de sua vida. Dada essa situação, vários autores se interessaram em esclarecer a diversidade de situações lingüísticas e sociais multilíngües e suas conseqüências na aprendizagem lingüística posterior. Por exemplo, Baker e Prys-Jones (1998) argumentam que qualquer definição precisa levar em conta os seguintes aspectos:

1. A distinção entre uso e competências ao escrever, ler, escutar e falar.
2. A distribuição dessas competências ao longo das duas ou mais línguas que um indivíduo conhece.
3. A variação dessa distribuição ao longo do tempo.
4. As variações nas relações sociopolíticas de cada um dos grupos lingüísticos na sociedade.

A aprendizagem das línguas variará segundo esses fatores, e as competências resultantes serão diferentes. Dado que nosso foco de interesse é o que ocorre nas aulas atualmente, mais do que a avaliação das competências lingüísticas em cada língua, preferimos falar de contexto multilíngüe no sentido não apenas das muitas línguas que podem ser postas em contato, mas também das muitas culturas de referência dessas línguas e seus falantes.

O CONHECIMENTO DE UMA NOVA LÍNGUA NESSE CONTEXTO MULTILÍNGÜE

A aprendizagem da primeira língua é um processo fundamentalmente implícito, e o uso que os falantes fazem dela, por exemplo na conversação, está centrado no conteúdo do que dizem e entendem mais do que na forma ou na relação entre a forma e o conteúdo da mensagem. Mas, ao estar exposto a duas ou mais línguas, adquire-se experiência com a linguagem em diferentes contextos, e essa experiência tem conseqüências importantes. Uma dessas conseqüências é, por exemplo, que os meninos e as meninas bilíngües podem chegar a se dar conta de que língua falam ou escutam, podem ter que decidir que língua usar em alguma circunstância, podem ter que traduzir o vocabulário, ou julgar sobre a forma de uma expressão, etc. Esses processos de dar-se conta, decidir, traduzir, julgar ou comparar põem em jogo algum nível de análise, de atenção e de controle sobre a língua. É evidente que a experiência com diferentes contextos de uso da linguagem desenvolve uma capacidade mais analítica e aumenta o controle sobre a linguagem (Gombert, 1990). O segundo tipo de contexto, que dá lugar a uma experiência semelhante, ocorre quando se aprende a ler e escrever.

Os alunos e as alunas de nossas escolas de educação infantil vivem nesses dois contextos: um multilíngüe, o outro de aprendizagem da escrita. Ambos os contextos teriam de ajudar a desenvolver esses processos de decisões, de dar-se conta, de comparações, etc. Denominam-se "metalingüísticos" esses processos que comportam algum nível de tomada de consciência sobre a linguagem. No caso das línguas em contato, dá-se uma tomada de consciência espontânea; no caso da aprendizagem da escrita (com suas normas e regras sobre a correspondência entre fonemas e grafias, sobre a ortografia, sobre o estilo, os gêneros, etc.), dá-se uma consciência imposta por essa normativa escrita (Auroux, 1998; Marquilhas, 2002).

Quando se conhece a estrutura interna da linguagem (por exemplo, estrutura gramatical, semiótica, etc.), quando se presta atenção a certos aspectos, enquanto que não se consideram outros (por exemplo, se presta atenção a como se pronuncia ou como se escreve uma palavra e não ao que significa), ou quando se chega a controlar outros mesmos processos de comunicação (por exemplo, quando se varia a linguagem segundo o interlocutor ou a circunstância), aplica-se o termo "metalingüístico" (Bialystok, 1991; 2001). A partícula "meta" é usada para qualificar vários aspectos da consciência sobre a linguagem, por exemplo, aspectos fonológicos ("consciência fonológica"), de vocabulário ("consciência léxica"), de aprendizagem de uma segunda língua ("atenção metalingüística"), etc. A capacidade subjacente, que pode acabar sendo "metalingüística", foi descrita como consciência ou como habilidade. Por trás da "consciência metalingüística", está a atenção sobre determinados aspectos lingüísticos e o processo de analisar de maneira explícita a estrutura da linguagem, e por trás da "habilidade metalingüística" está a associação com certos tipos de respostas em situações de ambigüidade e de incompreensão. Subjazem a essas expressões orientações teóricas distintas (os cognitivistas falam de consciência, enquanto que os comportamentalistas, de habilidade), mas ambas implicam processos de análise e de controle da linguagem, que requerem atenção a sua forma, tornando-a opaca, processos não implicados nas atividades de falar ou de escutar simplesmente (Cazden, 1974).

Essa atenção sobre a forma está presente na experiência de comparar e diferenciar duas línguas (Galambos e Goldin-Meadow, 1990, citadas por Bialystok, 2001). Muitos investigadores pensam que a competência metalingüística dos meninos e meninas que interagem com várias línguas é maior que nos monolíngües. Também está presente na aprendizagem da escrita. Em particular, a atenção sobre a forma é requerida quando é necessário isolar unidades da linguagem (fonemas, morfemas, palavras, frases), ou quando se deve entender a relação convencional entre o significado e sua forma lingüística.

Por isso, o contexto multilíngüe dá lugar a importantes relações entre línguas e alfabetização que precisamos esclarecer. Assim, por exemplo, seria necessário aprender primeiro a falar a nova língua escolar, para aprender a ler e escrever? Qual é a relação, na aprendizagem oral e escrita, entre L1 e L2? E qual é a relação entre alfabetização em primeira língua, com respeito à segunda língua? Não há respostas únicas para essas questões e poucos são os estudos empíricos exaustivos, porque os contextos de bi ou multilingüismo são muito diversos, e as primeiras aprendizagens em uma segunda língua também correspondem a essas diferentes situações. Entretanto pode haver uma reflexão a partir de posições teóricas.

Comecemos pela primeira questão: será necessário aprender primeiro a falar L2, para aprender a ler e escrever? Por trás dessa questão está o tema da seqüência dos ensinos, e a resposta será diferente segundo se conceba a natureza da escrita. Por exemplo, se considerarmos a fala como primária e a escrita como sua representação secundária e imperfeita, então irá se responder que sim, porque dessa perspectiva a fala fica identificada com o oral e a escrita reproduz a linguagem oral. Se, em troca, adota-se uma perspectiva interativa e se considera a linguagem escrita e oral como formas alternativas da linguagem, defender-se-á a necessidade de desenvolver as diversas competências lingüísticas, e a resposta será negativa. Mas, em ambas as respostas, afirmativa ou negativa, pode haver uma certa confusão entre a noção de "prioridade" e a de "importância": é importante que o menino ou a menina de origem imigrante aprenda a falar a L2, mas isso não implica que se deva programar-se para ensinar a falar em "primeiro lugar" (Chartier e Hébrard, 2002).

Por outro lado, há a questão de que registro da língua oral será necessário para a língua escrita. Apenas nos últimos anos os estudos lingüísticos e psicológicos se aprofundaram nas relações entre linguagem oral e oralidade (Ferreiro, 2002). Para referir-se à linguagem oral próxima ao escrito, cunhou-se o termo "oralidade" a partir do inglês *orality,* freqüente na literatura anglo-saxã, por analogia com o de *literacy.*[2] A oralidade não se reduz à fala, mas se estende a todos os processos de falar, escutar e entender que mudaram como conseqüência do uso da escrita. Da segunda perspectiva, a aprendizagem da escrita será o contexto para o desenvolvimento da oralidade.

A segunda questão é: qual é a relação, na aprendizagem oral e escrita, entre L1 e L2? A resposta a essa questão está vinculada às situações específicas de transferência entre L1 e L2 e, no nível escrito, à consideração das funções e do tipo de sistema de escrita implicados. Nos casos de bi ou multilingüismo em nível oral, a hipótese que conta com maior apoio é a da "interdependência lingüística" proposta por Cummins (1979, 1981). Essa hipótese sustenta que a aquisição da L2 depende, em parte, da competência que o menino ou a menina tenha alcançado na L1 no momento em que se inicia a exposição intensiva à L2. Essa afirmação se baseia na idéia de que quando se aprende uma língua, além dos aspectos específicos da mesma, adquire-se uma competência geral que contribui para a aprendizagem de outras línguas. A hipótese de interdependência se aplica tanto a línguas próximas como a línguas muito distantes, embora os processos de transferência possam ser mais marcados entre línguas próximas (Genesee, 1987; Hornberger, 1992).

Em nível escrito, também se postula a transferência de habilidades cognitivas e acadêmicas relacionadas com a alfabetização entre línguas (Cummins, 1991). Há autores, porém (como Geva e Wade-Wooley (1998), que sustentam que as diferenças individuais de tipo cognitivas, escolares e lingüísticas sempre podem diminuir o alcance do conhecimento de L1 e sua transferência a L2. Pois bem, quando se trata de alunos e alunas que ainda não aprenderam a ler e escrever em L1, e iniciam a aprendizagem escrita em L2, isto é, uma primeira alfabetização em uma segunda língua, não se pode apelar para uma transferência. Pode haver uma aprendizagem da escrita em L1 de forma não-escolar (por exemplo, na família, ou em agrupamentos religiosos), e pode haver também uma transferência das aprendizagens de L2 para L1 (ou seja, uma transferência recíproca e não apenas em uma direção). Os estudos que descrevem essa situação pintam um panorama pouco homogêneo: depende das práticas, dos tipos de escrita e, em uma sociedade plural do ponto de vista lingüístico, os alunos e as alunas inclusive podem aprender a utilizar outras escritas, e não apenas a escrita escolar. A diversidade é a característica mais freqüente no contexto multilíngüe, mas, como vimos, essa diversidade pode não ser tão negativa para a primeira alfabetização na segunda língua.

PRIMEIRA ALFABETIZAÇÃO EM SEGUNDA LÍNGUA E CONTEXTO MULTILÍNGÜE

Qual é a relação entre a alfabetização em primeira língua, em relação à segunda língua? Esta é nossa terceira questão. Em princípio, há diferenças entre alfabetizar na primeira e na segunda línguas. Exporemos algumas diferenças que foram assinaladas anteriormente (Verhoeven, 1987; Boyd e Arvidsson, 1998), às quais acrescentamos outras mais.

a) A professora e os alunos e as alunas não compartilham a mesma língua: os alunos e alunas têm um conhecimento limitado da segunda língua, e a professora tem pouco ou nenhum conhecimento sobre a primeira língua dos alunos.
b) Os alunos e as alunas de origem imigrante têm pouco contato com a vida social e cultural do país de acolhida, e as professoras têm pouco contato com a vida social e cultural dos alunos e das alunas imigrantes, fora da escola.
c) A professora pode fazer muito poucas observações ou comparações entre as escritas das línguas dos alunos e as alunas.
d) Os alunos e as alunas se diferenciam com respeito ao nível de conhecimento na escrita de L1, e essas escritas têm graus diferentes de relação com a escrita de L2.
e) Os alunos e as alunas se incorporam em diferentes momentos ao sistema educacional (incorporação precoce ou tardia), e o momento da incorporação pode ter efeitos sobre o rendimento acadêmico.
f) Um número importante de alunos e alunas de origem imigrante vem de países em que a leitura e a escrita têm menos uso que nos países ocidentais.

g) O ambiente familiar pode dar um suporte limitado à alfabetização na segunda língua, e não há profissionais que ajudem nessa tarefa.

h) Há muito pouco material escrito disponível com conteúdos acadêmicos nas distintas L1 para os alunos de grupos minoritários e os que se utilizam para o ensino na L2 são pensados para alunos e alunas monolíngües.

Esses aspectos diferenciais estão em relação direta com o que se considerou de grande importância no processo de alfabetização: a) e b) têm a ver com os contextos de socialização e educação lingüística, c) e d) com as condições específicas de alfabetização, e) com o momento de incorporação ao sistema educacional, f e g) com as práticas letradas comunitárias e familiares, e h) com os materiais escritos de instrução. Comentaremos a seguir esses fatores.

a) e b) O fato de os professores e os alunos não compartilharem a língua de comunicação e não terem um conhecimento mútuo de tipo cultural pode afetar os resultados na aprendizagem do aluno e da aluna, sobretudo se o professor não compreende o porquê de certas condutas e respostas dos alunos e das alunas. Isso não torna a comunicação impossível, mas não estamos sugerindo que o professor aprenda as diferentes línguas dos alunos e das alunas, mas que, nessa situação de pluralidade lingüística e cultural, se torna necessária uma certa informação sobre as características e os contrastes, tanto lingüísticos como culturais, dos grupos de alunos e alunas, para se poder apreciar e avaliar a partir de onde se realizam as aprendizagens na L2.

Fillmore e Snow (2000) sugerem certas condições que as crianças devem encontrar para aprender a L2. Por exemplo, interagir direta e freqüentemente com falantes da L2 que conheçam bem a língua e que possam ensiná-la como é e como usá-la; receber informação sobre as unidades da L2 e como estas se combinam para comunicar idéias, informação e intenções; formular perguntas e receber respostas. Sugerem também que os educadores devem saber algo da L1 dos alunos, particularmente dos contrastes culturais no uso da linguagem. Mas, além disso, devem conhecer bem a L2 e os processos de aprendizagem, para darem respostas adequadas, para escolherem materiais e para escolherem as tarefas que produzam mais possibilidades de aprendizagem.

Em um contexto de aula plural, não se pode esperar que alunos e alunas compartilhem o mesmo capital cultural (usando o conhecido conceito de Bourdieu, 1991). Será a professora quem deverá organizar as classes, para pôr em marcha um currículo eqüitativo de alfabetização para todos os alunos e alunas com aprendizagens que possam ser compartilhadas.

c) e d) De igual modo, as comparações e as observações que possam ser realizadas entre as escritas sempre ajudarão o aluno ou a aluna. Para isso, deve-se conhecer, por exemplo, se a escrita que se está aprendendo e a escrita da língua familiar pertencem ao mesmo sistema, se compartilham a mesma forma de notação, os mesmos princípios ortográficos, etc. Segundo Coulmas (1989), as escritas se diferenciam entre sistemas quando representam unidades lingüísticas diferentes: por exemplo, a escrita chinesa e a escrita catalã. Ou então, diferenciam-se com respeito às formas de flutuação quando os aspectos gráficos e ortográficos, mas não os estruturais, são diferentes: por exemplo, as escritas do árabe e do catalão. No primeiro caso, as escritas representam diferentes tipos de unidades (Sampson, 1997): a escrita chinesa se baseia em unidades significativas (um ou vários morfemas), e a escrita catalã representa unidades fonológicas (fonemas). No segundo caso, as escritas do árabe e do catalão representam unidades fonológicas, mas com diferente tipo de notação gráfica. No caso das escritas fonográficas, estas também se diferenciam segundo o grau de regularidade na correspondência entre grafia e som, distinção que se conhece como ortografia profunda e ortografia superficial. Quando uma escrita representa outros elementos diferentes que os derivados da pura correspondência fonográfica, por exemplo morfemas ou elementos gramaticais, diz-se que tem um ortografia profunda. Essa distinção pode ser feita, se compararmos as escritas do francês e do castelhano: a primeira tem uma ortografia profunda, a do castelhano é considerada ortografia superficial. A proximidade e a transferência serão diferentes de acordo com o tipo de escrita de que se trate.

e) Quanto ao momento de incorporação ao sistema educacional, há uma série de idéias prévias que atualmente são questionadas por diversos estudos. Uma dessas idéias, muito difundida nos ambientes profissionais educacionais, é que há uma relação entre escolarização precoce e ausência de dificuldades posteriores. Ou seja, que os alunos e alunas que freqüentam o primeiro ciclo de educação infantil podem aprender de forma mais rápida e sem dificuldades. As últimas investigações puseram em questão essa idéia (Molina e Maruny, 2000; Vila, 2000). No estudo de Molina e Maruny, realizado em Gerona com alunos de origem marroquina, encontrou-se que os alunos e as alunas bilíngües e de escolarização precoce, em catalão, apresentam também dificuldades tanto orais como escritas.

f) e g) As diferentes atividades de leitura e escrita que se dão no ambiente familiar escolar, chamadas de "práticas letradas" (Street, 1993), são práticas socialmente organizadas que têm como finalidade a participação das pessoas em diferentes contextos, em situações nas quais seja possível aplicar os conhecimentos sobre leitura e escrita de acordo com diferentes propósitos.

A participação ativa em diferentes práticas letradas, as diversas maneiras de se relacionar com formas escritas e orais, têm importantes conseqüências na maneira de aprender a ler e a escrever. Alguns investigadores afirmam que o rendimento escolar pode ser explicado, em parte, por essas diferenças de contato com o escrito e de ajuda dos adultos que os alunos e alunas experimentaram em casa (ver Capítulo 2, neste mesmo volume). As práticas letradas familiares, tanto em L1 como em L2, facilitariam os resultados escolares posteriores, porque se poderia dar uma transferência através das línguas e dos contextos (Verhoeven, 1994).

h) Finalmente, há o fator dos materiais utilizados para o ensino na L2 e os escritos disponíveis nas distintas L1 para os alunos de origem imigrante. Com respeito aos materiais utilizados para o ensino da escrita escolar, com freqüência são os mesmos que se utilizam para os alunos e as alunas monolíngües em função dos mesmos princípios metodológicos: um mesmo tipo de material que corresponde a um único método de ensino, com exemplos selecionados em uma só língua, em um único sistema de escrita e forma de notação gráfica; enfim, sem nenhum tipo de presença de diversidade gráfica e lingüística para possibilitar alguma comparação entre letras, palavras e textos.

Em muitos casos, são baseados no método sintético, que começa a instrução com os fonemas; e as letras individuais se apresentam, por sua vez, através do fonema e não do seu nome. Esse procedimento, embora discutível, é acessível aos meninos e às meninas cuja língua é o catalão, mas é absolutamente desaconselhado para alunos estrangeiros. Não apenas poderiam dar-se casos de alunos e alunas incapazes de pronunciar ou de isolar determinados fonemas, como também, embora o fizessem, não poderiam chegar a fazer a síntese ou a atribuir sentido a palavras que muitas vezes desconhecem.

Com respeito aos materiais escritos em L1, não há muitos disponíveis nas escolas. Mas, nas cidades modernas onde predominam formas sociais de escrita, há muitas oportunidades de interação com o material escrito diverso, por exemplo com os objetos escritos do entorno imediato (rótulos, produtos comerciais de consumo familiar, livros, sinais, cartazes, etc.). Em cada um desses contextos existem diversos significados, usos e funções da língua, tanto escrita como oral, que correspondem a propósitos diversos. Isto é, diversos materiais e portadores de texto que terão influência e importância psicológica no desenvolvimento posterior do conhecimento sobre a linguagem escrita. Uma série de estudos sugerem que alguns conhecimentos sobre o escrito urbano e comercial se desenvolvem não apenas na L2, mas também na L1. O conhecimento se produz graças à interação com produtos comerciais, assim como com outros materiais, embora não tenha havido um ensino explícito escolar da escrita em L1 (Kenner, 2000). Por isso, é importante conhecer todo o leque de experiências letradas familiares e comunitárias do aluno ou aluna.

Em resumo, em um contexto multilíngüe coexistem aspectos que são comuns a todos os alunos e as alunas, e outros, que são específicos e diferentes, segundo a origem familiar e cultural. Ajudar a que o menino e a menina percebam e pensem nessas semelhanças e diferenças é uma tarefa explícita da escola. Acreditamos que, para desenvolver um currículo eqüitativo para todos os alunos e as alunas, a alfabetização deveria começar pelos aspectos comuns no conhecimento das crianças, continuar com o diverso e recorrer ao ensino explícito. Começar pelo comum e compartilhado, para não exagerar as pequenas diferenças e garantir aquisições cognitivas sobre as quais apoiar as aprendizagens posteriores; continuar pelo diverso, para não avaliar condições diferentes com critérios idênticos e evitar a negação das diferenças, e ensino explícito, porque aprender a escrever em uma segunda língua necessita de ajuda instrucional: esses são recursos para desenvolver um currículo eqüitativo para todos os alunos e as alunas. A experiência com a linguagem oral e escrita, em diferentes contextos, permite e dá lugar a uma maior reflexão por parte do aluno, e isso tem de ser aproveitado com fins educativos pelo professor. Essas são nossas propostas para a primeira alfabetização em L2 em um contexto multilíngüe.

O COMUM, O DIVERSO E O EXPLÍCITO

O comum

Em qualquer sistema de escrita ou forma de notação através de meios simbólicos, ao escrever, a mensagem se converte em algo visível e se dá a ela uma materialidade concreta: cartas, livros, jornais, etc. Quando o menino ou a menina aprende a ler e escrever, aprende a tratar com objetos simbólicos e materiais. Porém as características simbólicas e materiais dos objetos escritos não são propriedades independentes das atividades que os sujeitos realizam com eles (ver Teberosky e Ribera, neste mesmo livro). Só podem ser descobertas essas características simbólicas e materiais, participando em práticas conjuntas com o adulto, de folhear, consultar, ler, falar e comentar, práticas às quais esses objetos dão lugar. Nessas atividades, os meninos e as meninas começam a explorar as propriedades gráficas da escrita, algumas das quais são propriedades comuns a qualquer sistema de escrita ou forma de notação, e outras são específicas. Aprendem a forma material dos objetos escritos, as propriedades de linearidade, direção, assim como padrões gráficos da escrita. Só depois os meninos e as meninas prestam atenção a aspectos gráficos mais específicos como a forma das letras.

Ao participar dessas atividades conjuntas, aprendem o aspecto simbólico de todas as escritas: que, nas marcas visíveis, "diz algo". A relação que as marcas escritas têm com a linguagem as diferencia de outras formas gráficas, fundamentalmente do desenho, e o menino e a menina aprendem a separar essas duas formas simbólicas. Inclusive quando ainda não sabem qual é a exata relação entre escrita e linguagem, inclusive quando muitas vezes pensam que existe uma relação entre a materialidade do escrito e a materialidade do referente da mensagem, já pensam que no escrito se "diz algo", isto é, que há linguagem. Por exemplo, muitos meninos e muitas meninas crêem que os objetos grandes têm de ser escritos com muitas letras e os objetos pequenos, com poucas. Ao ter essa crença, não estão ainda pensando em *que* representa a escrita da linguagem, nem em *como* o representa. Mas já têm a idéia de que se escrevem os nomes (Ferreiro e Teberosky, 1979).

Essas primeiras hipóteses dos meninos e das meninas podem ser expressas em uma variedade de sistemas de escrita e de formas de notação (por exemplo, em hebraico e em catalão, Tolchinsky e Teberosky, 1998). Essa breve descrição evolutiva é a parte comum a todas as crianças: todas têm de compreender como são os produtos materiais, qual é sua natureza e como funciona a escrita. As propriedades específicas de cada sistema, forma de notação e ortografia começam a ser aprendidas posteriormente. Para partir do comum a todos os meninos e meninas de origem imigrante, um currículo eqüitativo teria que dar lugar ao desenvolvimento de atividades como as antes descritas.

O diverso

Porém comum a todos não quer dizer homogêneo. Um currículo eqüitativo não pode propor o mesmo para todos e avaliá-lo com critérios idênticos, quando as condições de aprendizagem são diferentes. O professor que alfabetiza uma criança monolíngüe, que compartilha com ela um mesmo marco cultural, certamente nem se propõe a questão da diversidade: já se formou para ensinar com um único método, escolheu um único livro (e únicas fichas), começou por um único tipo de letra e considera uma única norma de fala como correta (Ferreiro, 2001). Deixar aflorar a diversidade facilita o contato e a expressão das línguas em um contexto multilíngüe, e é também uma vantagem para a aprendizagem da escrita em uma segunda língua, porque se alfabetiza melhor na diversidade. A leitura e a escrita são atividades demasiado complexas e multifacetadas para serem reduzidas a uma aprendizagem uniforme.

A diversidade que propomos afeta os objetos escritos, as atividades e suas interações. Um exemplo poderia consistir em promover a interação com funções, objetos e tipos de texto diversos, tais como diferentes tipos de objetos escritos e de textos; diferentes sistemas de escrita, formas de notação gráfica e de línguas; diversos propósitos comunicativos e situações funcionais relacionadas com a escrita; diferentes problemas de produção de um texto escrito (problemas gráficos, de organização espacial, de ortografia de palavras, de separação entre palavras, de pontuação, de organização lexical, de organização discursiva); distintos propósitos de escrita, de distintos tipos de textos; diferentes interpretações de um mesmo texto (o conteúdo literal do texto e suas interpretações); diferentes posições, níveis conceituais e atividades frente ao escrito.

Outro exemplo poderia consistir em promover a interação da diversidade de atividades com o escrito, tais como facilitar explorações ativas de objetos materiais (que contenham textos), denominar e fazer circular a denominação desses objetos ("chamam-se de 'jornais', 'enciclopédias', 'cartas'", etc.); dar oportunidade à leitura em voz alta dos diferentes registros de língua escrita dos textos; criar as condições para que a apropriação da escrita se realize por meio da produção de escritos (em lugar da cópia de modelos controlados); promover as atividades de reescrita de textos conhecidos e compartilhados pelo grupo da classe; comparar as escritas de diferentes níveis evolutivos, aceitá-las como escritas, em vez de sancioná-las; facilitar a antecipação do conteúdo de um texto escrito, utilizando a informação contextual e ajudar a utilizar também a informação textual; fazer os alunos e as alunas participarem em atos sociais de utilização funcional da escrita; facilitar a participação através de perguntas, entender e responder tais perguntas; promover a interação com o escrito, por meio de diferentes ações, tais como copiar, interpretar, ler textos de outros, ler os próprios textos, sublinhar, etc.; criar diferentes cenários para que o aluno ou a aluna possa assumir diversas posições enunciativas frente ao texto, como, por exemplo, posições de autor, corretor, comentarista, leitor, avaliador, ator, etc.

O explícito

A idéia de ensino explícito não equivale apenas à instrução direta, mas antes a uma participação ativa não apenas do aluno, mas também do professor. É possível realizar um ensino explícito através da modelização, das perguntas, das observações. A necessidade do recurso a perguntas, comentários, comparações e ajudas explícitas se justifica não apenas porque o conhecimento da L1 é implícito, de uso, mais que de análise, mas também por outras razões. A aprendizagem escolar pode criar dificuldades aos alunos e alunas, porque estes se encontram com funções, temas e registros de linguagem muito diferentes dos cotidianos. Se o professor estiver consciente das dificuldades dos meninos e meninas, poderá entender muitas de suas respostas inadequadas, poderá chamar sua atenção e explicar-lhes em que consistem as diferenças e as novidades. Poderá também avaliar o alcance das respostas adequadas por parte dos meninos e meninas, já que estes costumam ser muito bons em imitar o que fazem seus companheiros e em captar índices a partir do contexto, sem necessidade de recorrer à compreensão lingüística; por isso dão boas respostas, sem necessidade de entender apropriadamente a linguagem que se fala ou se lê. A necessidade de conseguir padrões altos de alfabetização e a consideração da natureza social e cultural da aprendizagem obriga o professor a levar em conta o diverso processo de desenvolvimento de alunos e alunas muito diferentes em suas origens familiares e culturais, e, portanto, em seus pontos de partida.

Por exemplo, para tornar explícitas as comparações, seria útil levar em conta os diferentes sistemas e forma de notação da escrita da comunidade de origem. No caso da população de origem imigrante da Catalunha, isso obriga o professor a ter uma mínima informação sobre o árabe e o castelhano. Supondo-se que o professor tenha conhecimento do castelhano, seria necessário se aprofundar no árabe, uma das escritas mais representadas entre os alunos e alunas de origem imigrante, assim como nas variações dialetais do castelhano. Nossos professores teriam de se informar sobre as semelhanças e as diferenças em relação ao catalão. Por exemplo, no caso da escrita árabe, que é alfabética, diferencia-se em muitos aspectos na forma de notação da escrita latina (Abu-Rabia, 1997; Wien, 1998). Essas diferenças afetam a forma de notação de consoantes e vogais: nos alfabetos árabes, as vogais não são letras, mas marcas diacríticas que se acrescentam às letras e se situam acima, abaixo ou entre as consoantes das palavras. A escrita com vogais é utilizada nos textos para leitores iniciais e também no Corão, que requer uma compreensão especial do significado. A direção da escrita é oposta à do catalão: o árabe se escreve e se lê da direita para a esquerda. As consoantes mudam de forma gráfica em função de sua posição inicial, média ou final dentro da palavra; muitas das letras árabes têm de 3 a 4 formas diferentes de expressão caligráfica, embora com o mesmo valor fonêmico. Na escrita árabe, a interpretação depende mais do contexto do que no catalão: a escrita sem vogais, em árabe, dá como resultado que muitas palavras tenham uma aparência gráfica idêntica (homógrafas), embora seus significados sejam diferentes. Esse fato influi para que a estratégia de leitura em árabe apóie-se muito no contexto gramatical da frase, antes de se atribuir significado às palavras (Abu-Rabia, 1997).

A informação sobre o sistema e a flutuação das escritas originárias das famílias dos alunos e alunas pode orientar o professor para fazer comparações e apresentar as características da escrita do catalão de forma explícita. As diferenças entre os alunos e as alunas são evolutivas e também sociais. Por isso o conhecimento da evolução do menino e da menina ajuda o professor na adequação do ensino às características do desenvolvimento; do mesmo modo, a compreensão de suas diversas origens sociais e culturais ajudará a diversificar as formas de ensino, a fim de realizar um currículo eqüitativo em alfabetização. Como sustenta M. Halliday (1982, p. 15), em temas de linguagem é inevitável reconhecer a natureza multicultural da sociedade e fazer algo com isso.

NOTAS

1. Entendemos como país de origem a nacionalidade adquirida familiarmente, mais que o local de nascimento, porque corresponde melhor à existência de um projeto migratório familiar e à presença de usos lingüísticos e de escrita diferentes.
2. Utilizamos o termo de "alfabetização" com o sentido de incluir não apenas a aprendizagem da escrita, mas também seu uso nas práticas culturais próprias de cada cultura escrita.

PRÁTICAS DE LINGUAGEM ORAL E ALFABETIZAÇÃO INICIAL NA ESCOLA: PERSPECTIVA SOCIOLINGÜÍSTICA

Erik Jacobson

INTRODUÇÃO

O marco da alfabetização inicial, em sua essência, baseia-se na idéia de que professoras, professores e investigadores necessitam reconceitualizar o amplo leque de habilidades que os meninos e as meninas começam a dominar antes de entrarem na escola formal. Além de um entendimento da relação grafema-fonema e de uma consciência das convenções espaciais da escrita (por exemplo, em línguas como o inglês ou o espanhol, o texto se lê da esquerda para a direita), os meninos e as meninas começam a desenvolver um entendimento das formas com que a escrita é utilizada em diferentes lugares do mundo. Observando as interações entre membros de uma família ou entre iguais com a escrita, os pequenos aprendem quando têm de utilizar formas de comunicação oral ou escrita, aprendem que formas de texto têm valor e como se espera que atuem quando lêem um texto. Assim, enquanto seguem seus pais e outras pessoas da comunidade, cada vez que um menino ou uma menina utiliza a escrita está contribuindo para definir seu próprio lugar no mundo. Como dizem Barton e colaboradores (2000, p. 1), "podemos ver os diferentes usos da língua escrita como localizados em tempos e lugares concretos. Igualmente, toda atividade letrada é indicativa de práticas sociais mais amplas". Os meninos e as meninas em processo de desenvolvimento estão se socializando como leitores e escritores nas práticas sociais de suas comunidades. A alfabetização e a identidade social surgem ao mesmo tempo, e as habilidades necessárias para manejar essa identidade social, através do uso da escrita, são mais complexas e não se reduzem a saber simplesmente um manejo de regras sobre as letras.

Sob essa perspectiva mais antropológica, o fato de que as práticas de leitura e escrita estejam localizadas em tempos e espaços concretos não permite que pensemos em um único padrão de alfabetização. Por esse motivo, alguns investigadores utilizaram o termo "múltiplas alfabetizações" para descrever as muitas formas nas quais podem ser organizadas as práticas de leitura e escrita. Por exemplo, uma menina crescendo em uma comunidade que se define por sua devoção para um único e autoritário texto religioso (como a Bíblia ou o Corão) terá uma relação com a escrita muito diferente da de uma menina crescendo no seio de uma família secular saturada pelos meios de comunicação. Como outro exemplo, comparemos a experiência de uma criança procedente de um ambiente no qual a leitura se limita praticamente a uma atividade de lazer (para pessoas de baixa renda) à de uma criança que cresce em um ambiente em que a leitura é uma parte constante do trabalho e do lazer. Devido a essas variações nas formas com que se utiliza escrita, os professores, as professoras e os investigadores deveriam procurar entender as práticas de leitura e escrita de um menino ou menina no contexto das práticas de suas comunidades, e não apenas centrar-se nas habilidades de codificar e decodificar. Mais do que uma perspectiva universal da alfabetização, precisamos ver a alfabetização como uma prática específica. Barton e Hamilton (2000) apontam que "chamamos de domínios os contextos formados e estruturados nos quais a alfabetização é utilizada e aprendida. As atividades nesses domínios não são acidentais, ou variações do acaso: existem configurações concretas e formas regulares de práticas de leitura e escrita com as quais as pessoas atuam em diferentes momentos alfabetizadores em contextos concretos" (p. 10). Escrever uma novela e pôr *grafite* em uma parede implica rotinas regulares e coordenadas, que não são intercambiáveis. As comunidades de novelistas e os escritores de *grafite* compartilham muito pouco, além do uso de um alfabeto e do desejo de serem conhecidos como escritores, e seus êxitos relativos se medem de formas muito diferentes.

A natureza específica das práticas de leitura e escrita que têm êxito nos dão uma chave para o progresso dos meninos e meninas na escola. As escolas são talvez o domínio mais poderoso e estruturante, quando se trata do uso da escrita. Em vez de neutra ou abstrata, a instrução da leitura e da escrita na escola é, em si mesma, "um conjunto de práticas letradas" (Reder, 1994, p. 49) que nem todas as comunidades compartilham, ou têm parte igual em sua construção. Não é surpreendente que uma menina que foi socializada para utilizar a escrita de formas que a escola valoriza e espera tenha oportunidades de êxito nessa escola. Ou seja, se o contexto de alfabetização familiar se parece com o contexto de alfabetização escolar, a transição é mais fácil para os meninos e meninas. O mesmo é certo, inversamente: meninos e meninas cujas próprias práticas letradas não coincidem com as que se espera deles na escola encontrarão uma maior dificuldade. Não podemos considerar aqueles que apresentam dificuldades como problemáticos ou com deficiências, já que, provavelmente, o que ocorre em muitos casos é que a escola que freqüentam não faz nada para ajudá-los a desenvolver seu pleno potencial. Se os professores e as professoras não reconhecem nem apóiam as habilidades dos meninos e das meninas para reconhecer e aprender novas práticas letradas e para ter êxito escolar (e desvalorizam as práticas das comunidades de onde eles provêm), então as escolas serão deficientes e não os alunos.

Dada a incrível complexidade e diversidade das práticas sociais que podem influenciar as práticas de leitura e escrita, podemos examinar as barreiras ao êxito escolar de maneiras muito distintas. Este capítulo parte de um marco sociolingüístico – que analisa o uso da linguagem tanto influenciando como influenciada por forças sociais e políticas. Embora a linguagem oral e a escrita sejam ações e práticas diferentes, estão também relacionadas como parte de uma rede comunicativa mais ampla ou do repertório de uma comunidade ou sociedade concreta. Por esse motivo, as práticas letradas fazem parte de uma realidade sociolingüística, e a realidade sociolingüística de um menino ou de uma menina ajuda a definir seu contexto de alfabetização inicial. Utilizando a sociolingüística como referência, os professores e as professoras podem aumentar sua sensibilidade em relação às formas em que os usos da linguagem dos alunos e as expectativas das escolas podem diferir e o contexto político que define e avalia essas diferenças. Observar a alfabetização a partir dessa perspectiva nos serve para sublinhar a complexa dinâmica do uso da linguagem que uma menina ou um menino pequeno deve negociar no momento em que entra na educação infantil.

EXEMPLOS DE RELAÇÃO ENTRE O USO DA LINGUAGEM ORAL E A ALFABETIZAÇÃO INICIAL

Embora pudéssemos enfocar esse tema de uma grande variedade de perspectivas, a seguir vamos discutir três exemplos que representam diferentes aspectos da relação que existe entre o uso da linguagem oral e a alfabetização inicial. 1) O primeiro exemplo examina a opção lingüística escolhida para a leitura e a escrita. Todos os meninos e todas as meninas chegam à escola esperando que a alfabetização se realize em uma língua determinada, partindo de suas experiências em sua comunidade. Nos contextos multilíngües ou multidialetais, a diferença entre a/as linguagem/linguagens ou dialetos utilizados pelas famílias em suas práticas letradas e a linguagem da escola para a alfabetização pode ser bastante problemática. 2) O segundo exemplo gira em torno das variações na estrutura participante de atividades de leitura e escrita. Em muitas comunidades, a forma de aproximar-se da leitura ou da escrita é parecida com a forma com que se fala – pode-se considerar como um ato individual ou mais como um processo de grupo. 3) O terceiro exemplo centra-se em como construir uma história ou um texto. As formas de apresentar e dar formato a um conteúdo muitas vezes são implícitas, pondo em desvantagem os alunos que não compartilham essas formas com a escola.

Esses três exemplos percebem a alfabetização como um ato comunicativo e, tomados conjuntamente, nos ajudam a explorar que tipo de linguagem se usa para comunicar, quem participa na comunicação e como se estrutura essa comunicação. Esses são aspectos da alfabetização que todos os meninos e todas as meninas deverão manejar em seu processo de converter-se em leitores e escritores. Ou seja, eles necessitarão dominar tanto aspectos psicolingüísticos como a sociolingüística da leitura.

A opção lingüística para a leitura e a escrita

A linguagem oral utilizada na casa de um menino ou menina foi estudada no sentido de como o prepara para a leitura e a escrita, e para a escola. Com freqüência, os investigadores, por meio de estudos como os de consciência fonológica, se preocuparam pelo modo com que os meninos e as meninas entendem o funcionamento da linguagem. Da perspectiva sociolingüística, também é importante como eles entendem o valor da linguagem no mundo. As escolas utilizam determinadas línguas ou dialetos para dividir as turmas, enquanto que simultaneamente podem chegar a desvalorizar ou rechaçar outras línguas ou dialetos. Essa padronização é freqüentemente determinada em nível de estado, mas o impacto de dar privilégio a uma língua ou dialeto sobre os demais pode ser visto concretamente em cada classe (Wilkinson e Silliman, 2000), onde se espera que os meninos e as meninas sigam a linha da escola. Quando a língua de casa não é a mesma que a da escola, é necessário realizar difíceis negociações.

Em uma tentativa de negociar a presença de múltiplas línguas de alfabetização, nos Estados Unidos, foram criados programas de educação bilíngüe. Um argumento a favor da educação bilíngüe é que permite que meninos e meninas que não falam inglês desenvolvam a alfabetização inicial em sua língua materna, servindo assim de ponte entre os contextos da escola e de casa. Os programas bilíngües reconhecem as línguas maternas como recurso para a aprendizagem da leitura e da escrita, partindo do fato de que é mais fácil entender as relações grafema-fonema na língua que já se fala. Em lugar de desprezar, como irrelevantes (ou daninhas), as experiências letradas que o menino ou a menina possui, os programas bilíngües partem das diferentes experiências de leitura e escrita em línguas diferentes do inglês. À medida que os meninos e as meninas vão dominando os requisitos escolares da alfabetização em sua própria língua, serão capazes de aplicar esse conhecimento a seu processo de compreensão do inglês. Espera-se que o menino ou a menina aprenda a ler em duas línguas.

Atualmente, nos Estados Unidos, a educação bilíngüe é um tema controvertido e veemente. Embora, obviamente, a educação bilíngüe tenha ainda espaço para melhorar (como qualquer programa educacional), há muita gente (tais como mães, pais e administradores) que gostaria de acabar com a educação bilíngüe. Muitos estados estão retirando seu apoio à educação bilíngüe (como, por exemplo, a Califórnia). Alguns baseiam sua postura em fundamentos pedagógicos. Outros apóiam as políticas English Only, que acreditam que as línguas maternas (diferentes do inglês) não têm lugar na vida pública da América do Norte. Para muitos defensores do English Only, o inglês e a sociedade americana estão sob a ameaça dos imigrantes e de suas línguas. Para se contrapor a essa idéia, existe uma mobilização contra o esforço de acabar com a educação bilíngüe, na qual muitas mães e pais estão se envolvendo em protestos organizados. Nesse contexto, uma criança que entra em educação infantil já começou a internalizar a luta pelo valor da língua de sua casa para a leitura e a escrita. Inclusive em idade tão precoce, ela pode entender que a alfabetização não é apenas aprender o *abecê*.

Se uma família ou uma comunidade tem múltiplos motivos para aprender uma língua e uma escrita concretas (por exemplo, razões religiosas, escolares ou de emprego), pode-se dar o caso de que escolha uma alfabetização em múltiplas línguas. Um estudo sobre famílias de Bangladesh, no Reino Unido (Blackledge, 2000), encontrou que essas famílias enviavam seus filhos e suas filhas a três escolas diferentes. Matriculavam-nos em escolas majoritárias (para uma educação e alfabetização em inglês), em escolas corânicas (onde desenvolviam sua alfabetização em árabe) e em centros comunitários (para uma instrução em Bengali). Agiam de acordo com necessidades de uso da linguagem: inglês, para progredir na sociedade; árabe, para praticar o Islã, e bengali, para manter sua identidade cultural.

Para imigrantes procedentes de antigas sociedades coloniais, particularmente aquelas que falam línguas crioulas, a conexão entre a alfabetização em língua materna e a identidade cultural é um tema controvertido. Por exemplo, na República de Cabo Verde, as políticas educacionais coloniais criaram um sistema escolar que dividia a população em uma elite falante de português e uma massa falante de crioulo cabo-verdiano, que tinha acesso limitado à educação e ao mundo letrado. Por esse motivo, o português se converteu na língua favorita para a alfabetização, e o desenvolvimento da língua escrita crioula cabo-verdiana foi uma longa luta. No Haiti, a situação é parecida. A política educacional colonial fomentou uma elite francófona, deixando as massas que falassem crioulo haitiano. O francês marcou claramente a relação entre língua, alfabetização e poder. Em ambos os casos, o alto estatuto da língua colonial penetrou nas pautas de comunicação da comunidade. Assim, desde idade muito precoce, os meninos e as meninas aprendem qual língua conta para a alfabetização. Eles deverão dominar a língua dos dominantes.

Quando os imigrantes desses países chegam aos Estados Unidos, muitos têm filhos e filhas que são candidatos a programas bilíngües. Durante o processo de matrícula, pede-se a eles que identifiquem a língua de sua casa. Com freqüência, os pais e as mães haitianos se identificam como falantes de francês, embora tenham pouco ou nenhum conhecimento dessa língua. Estão convencidos de que o francês é uma marca de educação e estatuto, e querem que seus filhos e filhas tenham oportunidades para desenvolver habilidades nessa língua. Mas, como é o crioulo, e não o francês, a língua de sua casa, colocá-los em um programa bilíngüe baseado no francês cria sérios problemas. Do mesmo modo, os familiares cabo-verdianos freqüentemente pedem às escolas que criem programas bilíngües de português, em vez de aulas em crioulo. Embora já tenham deixado para trás seus antigos países coloniais, não é tão fácil superar o legado da sociolingüística colonial.

Tal como ilustramos, o processo de alfabetização inicial se desencadeia em contextos sociolingüísticos em que a língua escolhida para a língua escrita não é neutra. Muitas das meninas e dos meninos que chegam ao pré-escolar procedem de comunidades em que estão rodeadas de escrita em muitas línguas: nos cartazes das lojas, nos edifícios públicos, nos lugares religiosos. O uso de múltiplas línguas, associadas aos diferentes objetivos estabelecidos pela família e pela comunidade, cria uma situação na qual existe mais de uma língua para a alfabetização. Cabe acrescentar que nas escolas também se tomam decisões sobre o valor que têm certas línguas para a leitura e a escrita. Por esses motivos, e embora não sejam capazes de articulá-lo, os meninos e as meninas entram na educação infantil com uma crescente consciência de não poder separar sua língua da realidade sociolingüística de suas casas e escolas.

A estrutura participante do processo de alfabetização

Um aspecto no qual a esfera letrada da escola pode diferir da de casa é a estrutura participante do processo de alfabetização. Uma característica compartilhada entre muitas salas de aula, nos Estados Unidos (e em outras partes), pode ser observada nas práticas de planejamento da sessão e de controle do turno de palavras em uma classe. Com freqüência, o professor ou a professora escolhe um texto que os alunos lêem, ou em grupo ou em voz alta, um depois do outro. O professor dá a palavra, assinalando quem tem que falar, e se espera que eles levantem a mão para que sejam indicados. Inclusive quando se estabelece um tipo de discussão mais aberta sobre um texto que leram, espera-se que os alunos façam contribuições apenas quando o professor os indica. Essa estrutura participante é muito freqüente e se encontra tão arraigada, que muitos estudantes e professores a descrevem como a forma natural de ensinar leitura e escrita. Evidentemente, ela não é natural, mas é uma opção que o sistema escolar tomou. Além disso, uma estrutura participante como esta não serve para todos os alunos por igual, já que os pressupostos sobre como os grupos se comunicam nem sempre coincidem com a estrutura de participação nas situações reais de comunicação.

Em uma investigação de aula realizada no Havaí, Au e Mason (1981) observaram que determinadas mudanças na estrutura participante tinham um impacto positivo nas atuações de meninos e meninas, durante a sessão de leitura. Quando uma professora utilizava a estrutura típica de chamar os alunos individualmente, dedicava grande parte do tempo a reforçar a estrutura de comunicação escolar (por exemplo, "vamos, um a um" ou "lembram o que tem que fazer, se quiserem falar?", etc.), em vez de reforçar os conteúdos da própria sessão. Estava claro que as meninas e os meninos havaianos não respondiam ao método de ensino e que se confundiam na compreensão das expectativas postas neles. O estudo se centrou em uma aula que introduziu um método alternativo de estruturar uma sessão de leitura e escrita, que se parecia com a tradição havaiana de contar histórias. Nesse programa (chamado de KEEP), a instrução se baseava na natureza colaboradora do contar histórias, na qual múltiplos participantes contribuem para desenvolver uma história através de uma narração conjunta. Diferentemente de uma classe típica, na qual isso seria considerado uma barreira para a aprendizagem, no programa KEEP as interrupções contínuas e o discurso sobreposto não causaram problema algum. Nessa estrutura, "os alunos e as alunas podiam negociar os turnos de palavra entre eles mesmos, sem esperar que a professora decidisse quem devia responder" (p. 143). Além disso, "ela não se incomodava quando alguns compartilhavam um turno de palavra, inclusive se sua fala se sobrepusesse com a própria" (Au e Mason, 1981, p. 143). Por esse motivo, a "instrução iniciou rapidamente, e continuou de forma suave" (Au e Mason, 1981, p. 143). Construindo a partir de práticas sociais da comunidade, nesse caso das tradições de comunicação oral, as escolas estavam melhor preparadas para ajudar no crescimento e produtividade acadêmica dos alunos.

Além de valorizar a colaboração, devemos prestar atenção ao tipo de colaboração que se pratica. Em um estudo etnográfico sobre as "formas com palavras" de três comunidades diferentes, Heath (1983) observou que as práticas de algumas famílias eram mais parecidas com as escolares do que as de outras famílias. Nesse estudo, por exemplo, os pais e as mães de famílias brancas de classe trabalhadora esperavam que seus filhos formulassem respostas do tipo "explicação do quê". Em sua estrutura participante, os familiares assinalavam coisas em um livro e perguntavam "o que é isso?". A resposta esperada para esse tipo de pergunta é um rótulo ("é um elefante"), mais que uma resposta analítica ("é o maior mamífero da terra e uma espécie em perigo"). É claro que, em muitas perguntas, "há uma série de respostas previamente decididas, na mente da pessoa adulta, antes de que a criança responda" (p. 227). Esses pais e mães lêem dessa maneira, com seus filhos e filhas, porque acreditam que "o uso apropriado de palavras e a compreensão do significado das palavras escritas é importante para o êxito educacional e religioso das crianças" (p. 227). Para os meninos e as meninas dessas comunidades, os primeiros anos de escolarização transcorrem sem problemas, já que os cursos iniciais normalmente se estruturam da mesma forma que na família.

Por outro lado, os alunos que se socializam nessa estrutura podem-se deparar com problemas mais adiante, quando a estrutura de participação muda. Ao mesmo tempo que avançam dentro do ensino fundamental, deparam-se com novos tipos de questões. Os professores começam a fazer perguntas, por exemplo, sobre estados internos do protagonista, ou sobre o que pensam que acontecerá depois do final da história. Os professores e as professoras querem que os alunos considerem alternativas, perguntando "o que pensas que aconteceria se..." Para responder a essas perguntas, a aluna ou o aluno deve entrar em colaboração com o docente, que, nesse caso, certamente não partirá de respostas previamente decididas. Assim, os professores e as professoras esperam que seus alunos explorem com eles o significado do texto que estão discutindo. Os meninos e meninas brancos de classe trabalhadora, do estudo de Heath, encontraram dificuldades, porque não tinham a experiência de "negociar com uma pessoa adulta o significado de uma história" (p. 294). Em troca, esse era precisamente o tipo de perguntas que os pais e as mães de classe média, no estudo de Heath, faziam a seus filhos. Não é, pois, de se estranhar que fosse mais fácil para os meninos e as meninas de classe média compreenderem a estrutura da classe, e que tivessem mais oportunidades de desenvolver as práticas de leitura e escrita que a escola enfatizava. Segundo a autora, não era que os familiares das crianças de classe trabalhadora fossem analfabetos, ou que não valorizassem a leitura e a escrita, mas seus objetivos e valores de alfabetização desembocavam em diferentes estruturas participantes. Nesse sentido, como também se mostrou no caso das crianças havaianas, é notável ressaltar que as reações dos alunos às diferentes estruturas têm um impacto no progresso escolar que pode ser avaliado.

Construindo histórias e textos

No marco da alfabetização escolar, os meninos e as meninas devem dominar um número de registros escritos. Como explicam Cox e colaboradores (1997, p. 35), "os registros são configurações concretas de opções lingüísticas que se consideram convencionais em contextos particulares". Em relação aos registros escritos, o conhecimento dessas convenções inclui uma compreensão do tipo de sintaxe, vocabulário e estrutura do texto que freqüentemente se encontra nos textos utilizados nas escolas. Por essa razão, a leitura de contos é a prática alfabetizadora do lar que se percebe como mais relacionada com o êxito dos meninos e das meninas na posterior tarefa de aprender a ler e escrever (ver capítulo de Purcell-Gates, neste mesmo volume). Quando escutam ou lêem um conto em casa, eles estão praticando com os tipos de texto que lerão e produzirão das aulas de educação infantil em diante.

Esse interesse no registro escrito levou os investigadores a olharem os tipos de histórias que se produzem na escola. Existe um interesse particular nas histórias que os meninos e as meninas explicam nos "momentos de compartilhar", porque, embora seja língua oral, os docentes com freqüência esperam que a fala se pareça com um registro escrito. O trabalho de Michaels (1991) com alunos da primeira série do ensino fundamental sugeriu que os meninos e as meninas afro-americanos de seu estudo se defrontavam com um problema nos exercícios sobre histórias, porque utilizavam um "estilo de associação temática" no qual se espera que o receptor infira o tema central que conecta uma série de piadas. Isso levava professores e professoras a avaliarem negativamente os estudantes, porque não utilizavam o tipo de narrativa "tematicamente centrada" esperada, na qual a maioria (nem todos) dos elementos da narrativa estão explicitamente relacionados a um tema central. Michaels sugeriu que essas diferenças eram de natureza étnica, já que o "estilo de associação temática" era percebido como parte de um repertório comunicativo afro-americano. À medida que esses meninos e essas meninas progridem na tarefa de escrever suas próprias histórias, se continuarem utilizando as mesmas estruturas, continuarão recebendo avaliações negativas e vivendo as conseqüentes frustrações.

Alguns críticos de Michaels advertiram que seu trabalho implica que as meninas e os meninos afro-americanos estão limitados a um único estilo de construção da história. Assim, afirmam que "as crianças afro-americanos urbanas desenvolvem um repertório flexível de estilos narrativos; o estilo escolhido depende da natureza da demanda da tarefa, entre outras variáveis. Os momentos para compartilhar podem suscitar um estilo mais oral devido à familiaridade dos temas e às experiências (Wilkinson e Silliman, 2000, p. 340, citando Hester, 1996). Estudos mais recentes detectaram que "tanto as crianças brancas como as não-brancas fracassavam no emprego do estilo tematicamente centrado em momentos de aprendizagens compartilhadas" (Gavelek et al., 2000, p. 597, citando Edwards, 1996, p. 345). Por esse motivo, pode ter menos a ver com preferências étnicas para certos estilos de construção de uma história do que com uma falta de experiência com as estruturas que a escola espera. Sob essa perspectiva, a classe social pode ter tanta influência como a etnia (Purcell-Gates, 1995).

Entretanto há momentos em que é claro que as formas comunicativas de uma comunidade se chocam com as expectativas da escola. Por exemplo, em um estudo da comunidade de Athabaskan, Scollon e Scollon (1983) estudaram o impacto dos padrões orais de comunicação nas experiências e práticas letradas escolares dos membros dessa comunidade. Scollon e Scollon concluíram que os athabaskanianos valorizavam a privacidade e um estilo de fala circunspecto. Ambos os elementos mostram uma grande preocupação pelas relações interpessoais e um sentimento voltado para um certo sentido do decoro. Uma pessoa não fala em nome da outra, porque é seu próprio problema, tampouco fala demasiado com franqueza sobre um tema que tenha à mão, porque poderia incomodar alguém. Nenhum desses princípios são valorizados nas práticas letradas escolares, e se pede aos jovens de Athabaskan que os aprendam. Na escola, espera-se um uso da linguagem mais despersonalizado e descontextualizado, ao qual os autores se referem como "ensaísta". Na escola, ou na alfabetização ensaísta, espera-se que o estudante comece dizendo qual é o tema do trabalho e que, em seguida, exponha como será estruturada a discussão do tema. Para os professores, as professoras e os estudantes que foram socializados nesse esperar e produzir uma linguagem despersonalizada, esse tipo de alfabetização pode parecer como de segunda natureza. Porém, para os athabaskanianos, é muito mais, já que vai contra o sentido do decoro valorizado em sua comunidade. Os estudantes de Athabaskan se deparam com dificuldades sobretudo quando escrevem em inglês, porque se parte de expectativas retóricas que lhes são estranhas e chocantes.

Apesar de ser importante ter em mente todo o repertório comunicativo que tem um aluno ou uma aluna, os trabalhos de Michaels e os de Scollon apontam para a existência de repertórios próprios. Alguns meninos e meninas já vêm utilizando a narrativa e as formas retóricas que a escola espera e terão facilitado o progresso na alfabetização escolar. Mais do que pensar em problemas cognitivos ou de desenvolvimento, os professores deveriam perguntar-se também sobre as possíveis inconsistências que existem entre suas próprias expectativas em relação às estruturas e a experiência de seus estudantes. Todos os meninos e todas as meninas são capazes de aprender essas estruturas, mas com freqüência elas ficam implícitas em vez de propostas explicitamente. Embora isso complique muito mais o ensino, também faz com que ensinar seja mais importante.

IMPLICAÇÕES PARA AS ESCOLAS E PARA OS PROFESSORES

Os professores e as professoras têm de pensar que, para cada indivíduo ou comunidade, a alfabetização funciona como parte de um amplo conjunto de práticas sociais. Os meninos e as meninas estão socializados em práticas de linguagem específicas sobre como aprender a usar e a valorizar certas línguas, como organizar sua própria participação no uso da linguagem e como estruturar uma narrativa ou um argumento. Para alguns, as formas de uso da língua em casa são similares às formas usadas para o uso escolar. Outros devem esforçar-se quando se deparam com práticas lingüísticas pouco familiares. É importante que a escola não trate os meninos e as meninas que provêm de ambientes sociolingüísticos diferentes como deficientes, como se lhes faltassem os recursos básicos necessários para a educação. Embora seja verdade que alguns meninos e meninas procedem de famílias ou contextos sociais praticamente analfabetos, é bastante provável que os que apresentam problemas escolares procedam de comunidades alfabetizadas, mas de formas que a escola não valoriza. Os professores, pois, deveriam construir pontes entre ambas as formas de usar a linguagem.

Uma crítica em relação a esse tipo de estudo, que olha para as diferenças entre o uso da linguagem na escola e em casa é que muitos não explicam as formas com que as relações de poder na sociedade criam essas diferenças (Bartolomé, 1998). De fato, foi assinalado que as opções lingüísticas sempre se complicam com temas de poder (Skutnabb-Kangas, 2000). Embora esse seja um ponto importante a ser estabelecido, o valor dos estudos que mencionamos é que eles nos apontam para mudanças que podemos realizar nas aulas, enquanto que os professores podem estar trabalhando paralelamente para uma mudança política mais ampla na sociedade. A seguir, apresento algumas propostas dirigidas aos professores de educação infantil.

O ensino da leitura e da escrita deveria partir do uso da linguagem em casa

Os professores deveriam evitar o uso de modelos do déficit quando são analisados desajustes entre as experiências dos alunos e as expectativas da escola. Em vez de se centrar unicamente naquilo que lhes "falta", deveríamos pensar em quais são seus pontos fortes, inclusive quando esses pontos fortes não são os que têm sido valorizados tradicionalmente no ambiente escolar. Por exemplo, a classe do programa KEEP demonstrou que o uso de estruturas de comunicação congruentes com a experiência dos alunos produz benefícios. Se, em vez de forçar o estudante a trabalhar só de uma maneira (por exemplo, com trabalho individual), a classe é orientada de um modo que todos os meninos e todas as meninas possam entender, aumentam suas oportunidades de êxito escolar. Cada menina ou cada menino pode provir de uma comunidade com modelos diferentes de comunicação; portanto não há maneiras fixas, únicas, de proporcionar o que necessitam. Os professores e as professoras e as escolas precisam educar-se a si mesmos em relação a seus estudantes para criar estruturas de gestão da aula culturalmente sensíveis (Au, 2000; Bartolomé, 1998).

Escolas e professores deveriam também basear-se nas experiências de alfabetização em casa com discursos diferentes dos da aula. Os sistemas escolares deveriam reconhecer a existência de múltiplos discursos utilizados ou escolhidos pelos alunos. A investigação sobre a situação de famílias de Bangladesh, no Reino Unido, revelou que as escolas majoritárias ignoravam as línguas (não-inglesas) que as famílias utilizavam para a educação em outros ambiente de formação (centro comunitário e corânico). Assim as escolas perdiam um recurso potencial para a alfabetização (Blackledge, 2000, p. 63). Com demasiada freqüência, essas línguas são desacreditadas ou rechaçadas, sendo consideradas como um estorvo para a alfabetização na língua majoritária da escola. Embora um centro não ofereça instrução nessas línguas, os professores poderiam animar os estudantes a discutirem as formas lingüísticas diferentes com que eles interagem com a escrita. Explorando conjuntamente como tendemos a usar um tipo de língua em relação com um tipo de texto, alunos e professores poderiam identificar que textos são mais motivadores para estudar na língua escolar. Além disso, poderiam identificar habilidades dos alunos em outras línguas suscetíveis de ser desenvolvidas também dentro do marco escolar. Ao invés de reduzir a variedade de línguas aceitáveis para a aprendizagem da leitura e da escrita, as escolas deveriam assumir uma visão mais extensa e inclusive promover a alfabetização bilíngüe.

A alfabetização inicial deveria apoiar a exploração da linguagem

Em um estudo de uma classe pré-escolar do programa Even Start, nos Estados Unidos, Neuman e Roskos (1997) observaram meninos e meninas de três e quatro anos em atividades de jogo livre. As professoras haviam organizado espaços de jogo relacionados com a leitura e a escrita (por exemplo, a oficina de correios, uma consulta de doutores e um restaurante), e as investigadoras observavam o grau de conhecimento de rotinas de alfabetização desses meninos e meninas enquanto brincavam em cada um dos espaços. Neuman e Roskos acharam que "as crianças de três e quatro anos adaptavam os instrumentos de alfabetização em função de propósitos específicos e empregavam condutas estratégicas em uma variedade de situações de resolução de problemas, evidenciando rico repertório de conhecimentos letrados e inventivas heurísticas que trazem para esses espaços informais" (p. 29). Ou seja, dadas as oportunidades para praticar habilidades letradas pouco convencionais, mas emergentes (Yaden, 2000, p. 443), os meninos e as meninas eram capazes de explorar como podem usar sua capacidade de ler e escrever em cada uma dessas situações. A chave para o desenvolvimento dessa atividade reside em que podiam experimentar sem coação (Korkeamäki e Dreher, 1995). Para meninos e meninas que chegam à escola com expectativas diferentes acerca de como se usa a linguagem, esse tipo de espaço "sem estresse" é essencial para experimentar com a linguagem. Desse modo, podem começar a aprender aquilo que a escola espera deles, sem ter que receber a mensagem de que a forma com que fazem as coisas, em casa, é incorreta ou carece de valor. A aula, por si só, deve ser um espaço no qual todo tipo de aluno ganhe experiência com a leitura e a escrita.

As classes de leitura e escrita deveriam incluir instrução específica para os alunos que a necessitem

Enquanto todos os meninos e as meninas teriam de ser julgados, em algum momento, por seu domínio de algumas poucas estruturas acadêmicas, nem todos eles foram socializados para utilizar a linguagem dessa maneira. Dado que essas estruturas muitas vezes são implícitas, não é possível esperar que os alunos simplesmente as captem. Pode ser que não tenham a menor idéia do que buscam, ou do que têm que buscar. Talvez cheguem a pensar que são fracos, quando na realidade não são capazes de redigir da maneira que a professora pede, embora não tenha sido explícita em relação ao que espera deles. MacGillivray (1997) sugere que "um presente que o professor pode dar a meninos e meninas é falar explicitamente e oferecer a eles um modelo de como os bons leitores utilizam diferentes estratégias para criar significados"

(p. 146). Respeitando as expectativas dos alunos, os docentes devem esclarecer o que a escola espera e por quê.

A partir dessa postura, é preciso também que os meninos e as meninas que vão para a escola sem as habilidades esperadas por esta recebam instrução nessas matérias (Au, 2000; Bartolomé, 1998). Isso não significa retirar as crianças da aula para serem "reprogramadas". Au (2000) chama a atenção para o fato de que "um número desproporcional de estudantes com bagagens diversas são enviados a educação compensatória e especial" (p. 839). Desse modo, as situações sociolingüísticas se confundem com outros tipos de problemas cognitivos ou evolutivos, e o processo de desenvolvimento da leitura e da escrita de muitos meninos e meninas chega a ser ainda mais vulnerável. Au acrescenta que diversos "estudos mostram que a participação nesses programas muito poucas vezes leva a um ganho claro no no termo inverso ao da alfabetização. Na aula de educação compensatória ou especial, dedica-se uma proporção maior de tempo a atividades não-acadêmicas do que na aula regular. Além disso, 50 ou mais horas por ano são perdidas, porque os alunos precisam de um tempo para fazer a transição de um lugar para outro" (p. 839). A instrução explícita necessária pode ser feita dentro da própria aula. MacGillivray (1997, p. 146) sugere que isso pode ser feito com os companheiros, e que, paralelamente, os professores e as professoras podem "identificar estratégias particulares de crianças individualmente e compartilhar com elas uma miniclasse, ou simplesmente compartilhar com toda a classe quando e por que se utiliza um tipo de estratégia". Finalmente, esse trabalho deveria ser completado com o trabalho com pessoas adultas, e os meninos e as meninas deveriam participar em diversos diálogos sobre a literatura e as maneiras de ler e escrever (Yaden 2000).

Os professores deveriam considerar a relação entre a alfabetização e outras práticas sociais

Quando pensamos na socialização nas escolas, os professores deveriam não apenas ensinar relações letra-som, mas também ensinar como interagir com os textos dentro do marco escolar. Por isso o impacto da alfabetização vai além do reconhecimento das letras, alcançando as práticas e as identidades sociais. As mudanças no uso da linguagem podem trazer mudanças ou desafios às identidades sociais. Por esse motivo, a prática escolar da leitura e da escrita pode criar crises que produzam impacto negativo no desenvolvimento dos meninos e das meninas. Por exemplo, alguns investigadores sugeriram que a juventude afro-americana rechaça as práticas letradas associadas com o êxito acadêmico, porque supõem uma ameaça a sua identidade (Ogbu, 1991). Um tema similar foi proposto por pessoas acadêmicas de origem trabalhadora que sentem que muitas das mudanças em suas práticas letradas as tinham levado a uma alienação de sua classe social de origem (Gos, 1995). Este processo começa já na creche, onde as crianças começam a adaptar-se ao ambiente escolar que as rodeia.

Finalmente, dado que os assuntos de etnia, cultura ou classe social estão intimamente ligados ao uso da linguagem e às práticas alfabetizadoras, os professores e as professoras deveriam desenvolver um sentido crítico de como o poder exercido com e sobre a linguagem explica os processos de leitura e escrita dentro e fora da escola. Embora, para os professores, seja importante ser sensível no nível micro às diferenças entre práticas letradas de meninos e meninas, deve-se refletir também no nível macro, para ver como essas diferenças são utilizadas para estratificar a sociedade. De uma perspectiva sociolingüística crítica, a análise da alfabetização inicial gira necessariamente em torno da forma com que a linguagem é utilizada para socializar meninos e meninas em seus papéis sociais, em uma sociedade que não está livre nem de desigualdades econômicas, nem de preconceitos de gênero, etnia ou cultura. Existem formas de modificar as aulas atuais e, portanto, os professores e as professoras não deveriam renunciar à esperança de procurar mudar a sociedade.

LÍNGUA ORAL, GÊNEROS E PARÓDIAS
Claire Blanche-Benveniste

7

INTRODUÇÃO

O objetivo do presente estudo é mostrar que a competência lingüística oral dos meninos e meninas em sua língua materna não é fácil de estabelecer, se confiarmos apenas nas situações de fala espontânea. Em troca, as situações com preparação prévia ou as situações artificiais de paródia obrigam os meninos e as meninas a imitar traços característicos de certos "gêneros" de discurso e permitem ter acesso a formas de competência mais amplas, mais diversificadas e mais normativas da língua.

Os registros e as transcrições de locutores, em situações muito diferentes, constituem um *corpus* amplo de francês falado de nossa equipe de lingüística francesa da Universidade de Provence. Nesse *corpus*, pudemos observar o que Biber (1988) chama de "gêneros". Os locutores registrados diferem em idade, em procedência social, em educação e produziram discursos em situações muito diversas, tais como monólogos ou diálogos, discursos públicos ou privados, narrativos ou argumentativos, etc. No caso dos meninos e das meninas, para recolher a linguagem oral utilizamos a situação de paródia. Chamamos de paródia a situação na qual se convida alguém a falar "como outro", ou "como se fala, em uma situação determinada", o que é muito semelhante a um jogo de papéis. Na prática, as consignas propõem sempre parodiar personagens de prestígio. O registro dessas paródias foi apresentado sempre como uma situação artificial, com um microfone visível e sem nenhuma solicitação à espontaneidade.

A partir de uma primeira coleta de produções de paródias, o que observamos nos pareceu interessante e acreditamos que poderia ser muito útil desenvolver sistematicamente registros mais amplos.[1]

CLASSIFICAÇÃO DAS SITUAÇÕES DE FALA

As classificações mais freqüentes dos discursos em termos de monólogos, diálogos, relatos, descrições, conferências públicas, conversas entre pares, etc. baseiam-se em critérios de natureza externa e são realizadas ao considerar as circunstâncias nas quais foram produzidos esses discursos. D. Biber (1988) tentou definir os discursos em função de critérios internos, fundados nas características gramaticais e lexicais desses discursos; por exemplo, nos tipos de subordinação, no emprego de voz passiva, de adjetivos, de nominalizações, de certas formas de sujeito ou de certos advérbios. Em língua inglesa, Biber propôs 67 traços úteis para definir os critérios internos que permitem distinguir os gêneros.

Um gênero se caracteriza pelo fato de comportar certas convergências entre esses traços, por exemplo o recurso conjunto a usar um tipo de sujeito, um tipo de adjetivo, um tipo de subordinação e a ausência marcada de voz passiva. Essas características permitem classificações mais finas do que as fundadas sobre critérios externos e permitem sobretudo entrar no detalhe do aspecto gramatical. Com efeito, sob a mesma aparência de diálogos entre iguais, podemos encontrar usos bem diferentes da gramática e do léxico, como veremos nas observações da paródia.

Meninos e meninas parecem conhecer intuitivamente certas características dos gêneros tal como os entende Biber. Podemos observar que são capazes de reproduzir os traços gramaticais que, reagrupados, são próprios de certos gêneros. A situação de fala espontânea tem efeitos muito diferentes segundo as características pessoais das crianças. Usando apenas situações espontâneas, nos arriscamos a avaliar características psíquicas em vez de competências lingüísticas: "a única coisa que mede uma situação desse tipo é a facilidade das crianças em tomar a palavra espontaneamente" (Blanche-Benveniste et al., 1992, p. 54). Por outro lado, a situação de fala espontânea é uma situação que implica uma dupla dificuldade, dado que os meninos e as meninas estão obrigados a improvisar ao mesmo tempo o conteúdo e a forma do que explicam.

Outra possibilidade é provocar situações de entrevista. Nessas situações, procuramos fazer com que, quando as entrevistas são gravadas, os meninos e as meninas não estejam sós diante de um adulto a quem conhecem pouco, mas que estejam na presença de três ou quatro companheiros da turma. Sabemos que essa precaução permite atitudes mais flexíveis, atitudes que atenuam a desigualdade da situação criada por um adulto interrogando e uma criança sendo interrogada. O grupo de crianças faz contrapeso, estimula aquele que é interrogado, lembra-lhe o propósito da entrevista, lhe assinala os esquecimentos, etc. Isso explica por que os meninos e as meninas muito tímidos, muito pouco escutados por sua professora, possam expressar-se nessas condições.

As situações nas quais os meninos e as meninas são convidados a reproduzir um modelo de linguagem permitem, pelo contrário, ver como procedem para fazer suas aprendizagens: se estão atentos às palavras novas ou como se apoderam de uma expressão. Como veremos mais adiante, algumas crianças se apoderaram do verbo "contornar" para descrever um trajeto, repetiam-no e o aplicavam a contextos novos. Caso se queira avaliar as aptidões das crianças, é indispensável criar situações-problema em que elas entrem em uma dinâmica de aprendizagem. As situações escolares dos exercícios tradicionais são muito restritivas e não são suficientes: nelas, os meninos e as meninas se mostram muito passivos e oferecem poucas ocasiões de ver como se apropriam das particularidades da linguagem. É necessário, pois, chegar a criar situações nas quais a restrição e a liberdade se equilibrem. A seguir, vamos apresentar uma classificação das situações, em função das possibilidades de aprendizagem da linguagem.

Situações pouco rentáveis

Fazer com que meninos e meninas expliquem um passeio ou uma visita sem precisar que resultado se deseja conseguir dá lugar a produções pouco ricas. Por exemplo, três adultos pediram a três crianças que explicassem uma visita; o registro durou 12 minutos, e a transcrição ocupou 33 páginas. As palavras dos adultos que os incitavam a falar ocuparam a maior parte do tempo de registro. Uma dessas crianças produziu apenas três frases, que não superaram uma quinzena de palavras. Ela não utilizou mais que uma dúzia de verbos, e a maioria com tempos verbais pouco construídos. O que disse estava sobretudo construído por pequenas réplicas ou listas de palavras. Era, pois, impossível avaliar a competência dessa criança a partir desse registro.

Situações medianamente rentáveis

Obtivemos registros feitos por professoras, que pertencem a essa categoria. As professoras pediram aos meninos e às meninas que descrevessem a seus companheiros o curto trajeto que acabavam de fazer. Os companheiros desconheciam esse trajeto. Essa situação conduziu os meninos e as meninas a utilizar uma grande quantidade de preposições com maior ou menor acerto.
Os registros dessas situações têm certas características que poderíamos categorizar como pouco rentáveis: a professora intervém com muita freqüência para corrigir, para insistir e para incentivar o uso da palavra. Entretanto, acreditamos que essa situação, em boas condições em relação à quantidade de crianças – grupos pequenos, com poucas intervenções por parte da professora e uma incitação mais forte ao diálogo entre os próprios meninos e meninas, poderia ser medianamente rentável.

Situações rentáveis

As situações que consideramos mais rentáveis para estudar a competência das crianças são de dois tipos:

- As crianças que falam facilmente produzem muitas vezes passagens excelentes em relatos não preparados que elas podem explicar espontaneamente sem nenhum trabalho prévio. Essas crianças podem chegar a falar em encadeamentos de 50 palavras, sem que ninguém insista com elas ou as incentive com grande manejo da gramática e do vocabulário.
- As melhores situações para os meninos e as meninas que têm dificuldade de tomar a palavra são aquelas nas quais sua tarefa está muito definida, aquelas nas quais tiveram tempo de se preparar. Para conseguir essas situações nas quais se estabelece uma espécie de "contrato de trabalho" é preciso um grande empenho por parte das professoras, ao mesmo tempo que uma preparação das cenas e uma atenção durante seu desenvolvimento. Essas situações nos permitem ver o que os meninos e as meninas retêm dos modelos que lhes são propostos.

Nessa última categoria, colocamos as situações de paródia que foram muito frutíferas. Quando um adulto dá um primeiro modelo, pode-se esperar que os meninos e as meninas reproduzam certas características desse modelo: seja a estrutura geral de um relato, ou certas fórmulas estereotipadas, ou alguns detalhes surpreendentes. Mas uma mesma consigna pode ser interpretada de maneira muito diferente, conforme os casos. Por isso, é importante, para quem quer estudar ou avaliar a fala de meninos e meninas, ter à disposição uma descrição do conjunto de situações e das consignas que foram utilizadas.

Facilidade de palavra

Avaliar a competência dos meninos e meninas não significa, como freqüentemente acreditam os docentes, verificar se cometem faltas ou se falam corretamente. Além disso, é necessário observar se falam facilmente e se têm facilidade de palavra. Com efeito, os professores são muito sensíveis à "facilidade" dos alunos, e é interessante saber o que significa essa noção. Não é questão apenas de correção, mas de qualidade na maneira com que dão valor à linguagem. Para captar a qualidade da fala, procuramos avaliar a fluidez do discurso por meio de:

- o comprimento do discurso que uma criança pode sustentar, sem que seja incentivada a continuar;

- o número de intervenções que necessita, por parte do adulto, para falar;
- o número e a dimensão das pausas.

Na primeira situação de fala sem preparação, entrevistamos 8 crianças, das quais 3 produziram um discurso muito curto, de uma média de 4 a 5 palavras, e foram necessárias 11 a 15 intervenções por parte da professora, para que o relato acabasse. Um discurso mais longo foi produzido por 3 crianças, de uma média de 10 a 30 palavras, e terminaram seu relato depois de uma só intervenção por parte da professora. Um relato de 53 a 66 palavras foi produzido por 2 crianças sem necessidade de intervenção para incentivar o relato.

Na segunda situação, com preparação e objetivos bem definidos, os meninos e as meninas adquiriram previamente uma quantidade suficiente de informação sobre o trajeto que tinham que relatar e, como estavam habituados à situação de registro, deram bons resultados. Foram entrevistadas nessa situação 16 crianças, e as medidas de fluidez foram as seguintes: a duração média dos relatos foi de 4 minutos e 45 segundos sem intervenção por parte da professora (salvo para uma criança). Algumas falaram durante 2 minutos e 30 segundos e outras foram até 7 minutos e 10 segundos. Produziram relatos de entre 63 e 229 palavras. É um resultado surpreendente para crianças dessa idade (o mínimo corresponde ao máximo da situação sem preparação). Os meninos e as meninas fizeram poucas pausas longas: 9 crianças utilizaram 2 pausas longas; 3 crianças necessitaram de 3 pausas longas, e 4 foram além de 3 pausas. Tanto meninos como meninas falavam lentamente, à razão de entre 10 e 58 palavras por minuto: 3 crianças fizeram 24 palavras por minuto, 9 crianças, entre 24 e 44 palavras por minuto, e 4 crianças, mais de 44 palavras por minuto.

Esses resultados são melhores do que os obtidos na primeira situação, em que o turno de fala não foi preparado. Nessa segunda situação, pode-se apreciar como a preparação do discurso e a familiaridade com o registro em gravador podem influir sobre a facilidade de palavra dos meninos e das meninas.

SITUAÇÕES ESPONTÂNEAS E "POBREZA DE LINGUAGEM"

Nas situações espontâneas, em particular entre os meninos e as meninas de 5 anos para os quais o essencial de seus intercâmbios passa pelos gestos e pelos jogos, a linguagem é secundária. Não é surpreendente que as atuações de linguagem pareçam muito pobres; disso decorre que freqüentemente deduzimos que sua competência é débil. Com a etiqueta de "pobreza" de linguagem, podem-se alinhar características tais como a brevidade dos turnos de fala, o uso de modelos sintáticos reduzidos e repetitivos e a prática da parataxia.

A brevidade

Com freqüência, as perguntas feitas aos meninos e às meninas de 5 anos não suscitam mais que respostas breves, limitadas a uma palavra. Vejamos um exemplo de duas crianças de 5 anos às quais um entrevistador pergunta sobre seu brinquedo.[2]

Entrevistador	– O que vocês prepararam para seus convidados comerem? O que vocês preparam? Laranjas? Uma salada de frutas?
Criança A	– Sim.
Criança B	– Sim.
Entrevistador	– Vocês farão peixe ou carne?
Criança A	– Peixe.
Criança B	– Carne.
Entrevistador	– Depois o colocamos no forno.

Durante toda a entrevista, o investigador fala em torno de 10 vezes mais que as crianças, que parecem dizer o menos possível. Em suas breves respostas, respondem com substantivos sem artigo, como "peixe" ou "carne", o que poderia fazer pensar que não manejam a gramática dos sintagmas nominais. Porém, nas situações de paródia, as mesmas crianças produzem discursos bastante longos e utilizam, sem problemas aparentes, diferentes determinantes nos sintagmas nominais.

A sintaxe reduzida

Nas situações nas quais se pede a elas o relato de um passeio organizado, as crianças de 5 anos produzem fragmentos de discurso bastante breves, de no máximo 6 ou 7 palavras, que parecem marcar apenas um elemento gramatical: o sujeito ou o complemento. Assim, por exemplo, "não me lembro", que marca o sujeito; ou "o construiu", que marca o complemento.

Criança	– O que tem que dizer?
Entrevistador	– Tens que contar o que fizeste no dia do passeio. Explica, o que viste? O que fizeste?
Criança	– Vi eh ... palmeiras, serpentes.
Entrevistador	– De verdade?
Criança	– Não, foi... foi construído.
Entrevistador	– Foi construído com quê?
Criança	– Não me lembro.
Entrevistador	– Com madeira? Era com madeira?
Criança	– Com pedras. Vimos castelos. Subimos pelas escadas.

Em seus brinquedos espontâneos, os meninos e as meninas de 5 anos trocam enunciados ainda mais fragmentários, mesclados com numerosas exclamações e onomatopéias. Em função dessas construções, pode-se atribuir a eles uma deficiência grave de sintaxe. Mas, caso se comparem diferentes tipos de produções, nos damos conta de que é a situação específica de brinquedo que provoca esses fenômenos. Os intercâmbios de linguagem desempenham um papel muito secundário em relação às múltiplas interações de atos, gestos e atitudes que esses brinquedos propõem.

A prática da parataxia

Quando se lhes pede que contem uma história retirada de um livro ou de um filme, ou seja, fazer um relato de um relato, os meninos e as meninas respondem com enunciados muito mais desenvolvidos. Mas, ainda assim, esses enunciados comportam poucas subordinações e poucas marcas de hierarquia na argumentação. Com freqüência, seguem um modelo repetitivo, de construções verbais formadas com um sujeito pronominal, um verbo e um complemento, encadeados por "e", "além disso", "depois" ou "então".

> Então há um senhor (não sei quem era) e vai. Depois euh, ... E não era muito bom com Tarzan. E Tarzan ... (estavam em um museu). Depois então Tarzan abre o ... corta o fio do do museu, para abrir e vai e tudo. E depois sobe pelas escadas. Bem, tem medo e tudo, está com muito medo. Sobe pelas escadas, depois ouve os macacos.

Poder-se-ia deduzir, a partir desse registro, que os meninos e as meninas não conhecem mais que esse modo de relação paratáxica entre enunciados, que ignoram o essencial da subordinação e que não adquiriram as regras de encadeamentos discursivos. Nas situações de paródia, em troca, os mesmos meninos e meninas se mostram capazes de reproduzir as subordinações próprias dos modelos que parodiam, assim como os encadeamentos discursivos mais consistentes.

A PARÓDIA E A AVALIAÇÃO DO DISCURSO

Em que sentido são úteis as paródias para se observar a fala dos meninos e das meninas? O interesse principal da paródia reside em que ela pode facilitar às crianças a produção de discursos que elas não poderiam produzir em situações de intercâmbio comum. Nas paródias, todos os recursos da linguagem se modificam: atitudes enunciativas, pronunciação, vocabulário, gramática, retórica. Em particular, podemos encontrar construções gramaticais ou acertos normativos impensáveis em meninos e meninas, a julgar apenas em função de seu meio lingüístico. As paródias mostram, assim, aspectos ocultos da competência infantil.

A partir de situações consideradas como mais "naturais" – por exemplo, as respostas às perguntas de um entrevistador ou as interações entre os mesmos meninos e meninas nas quais se joga com a espontaneidade –, os investigadores têm a impressão negativa de baixa qualidade da linguagem, daquilo que seria legítimo avaliar como "pobreza" de linguagem, sobretudo nos menores. Como vimos, nessas situações se obtêm sempre respostas breves, sintaxe pouco desenvolvida, incompletudes, fragmentação do discurso, etc. A julgar apenas por tais situações, poder-se-iam tirar conclusões sobre a fraca competência lingüística dos meninos e das meninas. Entretanto, em situações de paródia, os mesmos meninos e meninas produzem outra coisa. Daremos alguns exemplos de três grupos de idades: um grupo de crianças de 5 anos que assistem à classe de pré-escolar, um grupo de crianças entre 8 e 12 anos que são alunos do ensino fundamental e um grupo de adolescentes de 14 a 16 anos, do ensino médio.[3] Merece uma profunda reflexão o contraste e a diferença entre o que se chamou de "a pobreza da linguagem" a partir de registros obtidos em situações naturais espontâneas pouco rentáveis, e a grande variedade de linguagem a partir de registros obtidos em situações artificiais de paródia.

Procuraremos resumir brevemente o que nos ensinam essas produções sobre a competência dos diferentes locutores e explicar como a paródia pode ter lugar entre os múltiplos gêneros reconhecidos atualmente pela lingüística do *corpus*.[4]

CAPACIDADES EVIDENCIADAS PELAS PARÓDIAS

Nas situações de paródia, inclusive a transgressão, os meninos, as meninas e os adolescentes podem assumir papéis sociais que, na realidade cotidiana, estão totalmente fora de seu alcance. Isto é, podem assumir diferentes papéis enunciativos.

Capacidade para assumir papéis enunciativos

Brincando de ser a diretora do aeroporto da China, uma menina de 10 anos adota uma posição de autoridade, dá as ordens ao ministério e fala com condescendência de "sua secretária" (Blanche-Benveniste e Jeanjean, 1986):

> O Boeing 707 terá um atraso de 10 minutos e 50 segundos (...) O aeroporto permanecerá fechado nos dias: domingo, segunda e terça. O Ministério de Finanças lhes dará um passaporte para irem a Nova Caledônia e a Numea. Minha secretária e eu mesma os acompanharemos.

Outro menino de 11 anos, que participa em um jogo de emissão televisiva, sustenta que pode ter mais talento do que Steven Spielberg para fazer filmes de ficção científica.

(É um) grande realizador que tem muita ... que também ama a ficção científica, que faz temas como eu e que, às vezes, euh ... faz filmes mais interessantes que eu. Mas, às vezes, euh ... não me dou conta se faço filmes melhores que ele.

Duas meninas, de 9 e 11 anos, que estão brincando de parodiar damas sofisticadas, permitem-se criticar com um tom ácido a dona de um restaurante (Blanche-Benveniste et al., 1990).

Faria melhor em pôr... enfim, em retirar os cinzeiros e proibir fumar, hum! Isso empesta!

Os rituais e as fórmulas de cortesia têm, nesses intercâmbios, um lugar importante. Assim, por exemplo, uma menina de 9 anos e outra de 11 anos dizem o seguinte (Spataro, 1996).

Menina de 9 anos: "Ousas me pedir isso, amiga minha? Bem, vejamos, não há camareiras".

Menina de 11 anos: "Não compreendeste o fundo de meu pensamento: Eu queria dizer que, euh, era a maneira de reconhecê-los, quando se os dissecava".

Fazer o papel de *top-model,* de uma novelista famosa, de um médico renomado, de um diretor de hotel ou de um arquiteto-chefe, implica necessariamente a prática de fórmulas de linguagem claramente tipificadas em relação com os papéis desses personagens; ou, ao menos, com a imagem que os meninos e as meninas têm deles com freqüência através da televisão. A imitação da linguagem faz parte da imitação mais global da conduta. A consigna dada aos meninos e às meninas não é apenas falar como os jornalistas, mas, como o dizem alguns, comportar-se como eles (Del Prete, 1997). Essa é a característica mais surpreendente das paródias.[5]

Capacidade de jogar com a norma gramatical

Para imitar os personagens de prestígio, os meninos, as meninas e os adolescentes buscam formas normativas. Geralmente conhecem muitas, em particular o valor normativo. Por exemplo, muitas perguntas são formuladas com posposição do sujeito gramatical ou do verbo, quaisquer que sejam os personagens parodiados. Isso se torna muito freqüente nos casos de paródias das emissões televisivas de intercâmbios de perguntas e respostas. Por exemplo, um menino de 8 anos assume o papel de mãe de família que se dirige ao gerente de uma pensão.

A propósito, quanto lhe devo? – perguntei ao gerente.

Outro exemplo é o de um adolescente de 14 anos, no papel de diretor de um supermercado, dirigindo-se a uma arquiteta:

> Então por que, sendo especialista, vem você a nosso estabelecimento?

Os papéis de prestígio implicam quase que automaticamente a transformação de certos recursos gramaticais: *porque* se transforma em *pois*, *quando* se converte em *então* e *no momento de* se converte em *durante*. Isso ocorre com um menino de 11 anos.

> Não, penso que este ser é real, que é um verdadeiro extraterrestre, *pois* registramos na fita *durante* a dissecação do crânio, vimos que o cérebro era muito gelatinoso.

Essa busca de purismo não se dá sem dificuldades. Pareceria que nem todos os aspectos da gramática são igualmente investidos. Por exemplo, a formulação errônea de hipóteses, com uma dupla condicional, tanto na oração principal como na subordinada, é utilizada nas paródias de papéis de prestígio como se os locutores não pudessem ver ali uma diferença de registro. Isso pode ser visto nos seguintes exemplos, de crianças de 12 e 14 anos respectivamente.

> Se não *teriam* querido, não nos teriam dito.
> Se a delegacia *estaria* aberta, não haveria ladrões.

A regra normativa para a construção das hipóteses a respeito do tempo verbal não é percebida da mesma maneira que outras regras mais conhecidas.

Vocabulário

A conquista do *vocabulário* por meio da paródia nos pareceu particularmente sensível entre os meninos e as meninas de 5 anos. Em uma ocasião de paródia, demos a eles modelos para descrever os diferentes trajetos de seu bairro; ficamos surpresos ao ver que muitos deles podiam reproduzir um verbo desconhecido antes dessa situação, o verbo "contornar". Por exemplo, as crianças de 5 anos diziam:

> Passo pela calçada, lá está o guindaste. Depois de *contornar* os comércios, há o mercado.
> Atravessamos a terceira rua e... caminhamos o... caminhamos sobre o... *contornamos* a barreira do... do... da creche.
> Depois de *contornar* o muro do mercado, chego à praça do mercado. *Contorno* o armazém...

Enquanto isso, os adolescentes se mostraram muito mais interessados nos elementos do vocabulário técnico ou administrativo, característico da linguagem dos especialistas:

> Refletimos sobre a *eventualidade de demolição* ou de *consolidação*.

Em geral, certas locuções são difíceis de utilizar, e os adolescentes pareciam ter dificuldades para associar os verbos com os sujeitos ou os complementos adequados. Assim, no seguinte exemplo, o verbo "efetuar" (muito utilizado na imitação da linguagem dos especialistas) não convém ao sujeito escolhido, "um deslizamento do terreno":

> Pensamos que *um deslizamento do terreno foi efetuado*, posto que os arquitetos daqui são arquitetos que fizeram apenas bacharelado de arquitetura.

Embora pareça fácil a gramática, nas paródias os meninos e as meninas se deparam com a falta de vocabulário e, com freqüência, tentam buscar em torno, no ambiente, a palavra adequada. Brincando de ser o diretor de um aeroporto, um menino de 10 anos busca ostensivamente as palavras que lhe faltam e inventa a palavra *dirigência,* em vez de direção:

> Agradecemos sua (como se chama) sua ajuda, por terem feito regressar nosso Boeing. A *dirigência* da Air France lhes dará quatro medalhas.

Ao falar do exame médico realizado em seres extraterrestres diante da televisão, as crianças mais velhas parecem dedicar muita atenção à busca de termos técnicos:

> Creio que a fita cassete é um documento autêntico, dado que há verdadeiros gestos de doutores, sem dúvida, euh, *especialistas*, que *dissecam* corretamente o corpo. À primeira vista, prestam euh atenção para não *deteriorar* os órgãos euh *vitais*.

Os adolescentes solicitam ajuda na busca de termos abstratos:

> Locutor 4 – Talvez para, euh, nos protegermos, para que não haja, como dizer...
> Locutor 1 – Tumulto, queres dizer?
> Locutor 4 – É isso, tumulto.

Há uma grande diferença entre as escolhas muito cuidadosas no domínio da gramática e a atitude muito mais inquieta diante do léxico.

Desequilíbrio entre sofisticação gramatical e ingenuidade de conteúdo

Saber imitar certos comportamentos de personagens de prestígio, reproduzindo o detalhe das expressões gramaticais dotadas de prestígio, não implica a imitação do conteúdo. Uma sofisticação gramatical bastante alta pode ser acompanhada de grandes desconhecimentos de conteúdo. Por exemplo, a menina que brinca de ser diretora do aeroporto promete medalhas a seus passageiros, como nos concursos para crianças. As meninas que brincam de damas sofisticadas no restaurante pedem ovos de esturjão, mas o fazem de maneira divertida: *três ovos de esturjão*. Os adolescentes que falam como jovens tecnocratas especialistas em supermercados não têm idéia do número de vagas de um estacionamento e confundem 202 mil. A forma gramatical está totalmente dissociada da experiência.

Analogia com outros gêneros

Observamos que os locutores adultos, quando falam da profissão nas conversas cotidianas, transportam boa parte das características da linguagem profissional. Por exemplo, uma secretária financeira, explicando sua profissão a um interlocutor a quem tuteia e conhece muito bem, utiliza pronomes relativos em usos totalmente estranhos ao falar cotidiano:

> As assembléias de acionistas fazem processos verbais os *quais* estão consignados nos registros dos quais te falei agora, *cujos* registros são muito... euh... devem ser... devem poder ser controlados.

Os técnicos descrevem suas tarefas profissionais com formas gramaticais relacionadas a seus mundos profissionais. Pode-se pensar que uma parte da iniciação à vida profissional passa pela aquisição dessas particularidades da linguagem. A capacidade de fazer as paródias de muitas linguagens profissionais é uma capacidade para copiar os gêneros. Os meninos e as meninas recebem, sem dúvida, uma parte importante dessas particularidades, com uma sensibilidade que seria interessante poder estudar mais de perto. E mostram essa capacidade muito mais facilmente em situações de linguagem falada do que por escrito.

CONCLUSÃO

Com freqüência, o estudo da linguagem infantil é decepcionante em situações espontâneas, porque, nessas situações, o essencial dos intercâmbios se faz fora da linguagem. Pelo contrário, nas situações artificiais de paródia, nas quais tudo passa pela linguagem, pode-se observar mais facilmente o domínio que os meninos e as meninas têm das interações, da gramática ou do vocabulário. Certas formas da competência lingüística não se tornam evidentes senão em tais situações. Seria, sem dúvida, útil poder estudar as atividades de paródia em uma escala ampla, que considere essa forma particular de exploração da língua falada.

NOTAS

1. Utilizamos o termo "paródia" e não "pastiche" (plágio), que seria um termo demasiado conciso, com conotações literárias que implicam que o autor do pastiche reproduz um modelo que conhece bem. Não sabemos se os locutores que registramos reproduzem muito conscientemente um modelo, se imaginam estar na situação ou se, além disso, têm outras atitudes.
2. Transcrevemos as produções orais com ortografia convencional e sem pontuação. Porém, neste capítulo, introduzimos a pontuação para evitar que esses extratos, recortados de seus contextos, apresentem demasiadas dificuldades de interpretação.
3. Os registros das crianças de 5 anos fazem parte de uma pesquisa encomendada pela Municipalidade de Romans (Drôme) para avaliar a qualidade do francês falado por parte de crianças de um grupo "com problemas" (Blanche-Benveniste, Pallaud e Hennequin, 1992). As produções de crianças entre 8 e 12 anos foram registradas fora da escola (Morillo, 1996; Spataro, 1996). Os registros de adolescentes foram realizados por Le Prête, 1997.
4. Devemos esclarecer que não buscamos apresentar conclusões sobre a aprendizagem, não é nosso domínio. Nosso domínio é o da observação de fatos da língua. Para observar fatos de linguagem, é legítimo observar muitas idades.
5. Não é que confundamos "produção" e "reprodução" da linguagem. Como mostramos mais adiante, é difícil distinguir entre a reprodução de estereótipos e o domínio do lingüístico. Confessamos ser incapazes de discernir o que provém de um e de outro, tanto entre as crianças quanto entre os adultos. Não saberíamos quem seria capaz de fazê-lo com certeza.

NÚMEROS E LETRAS: PRIMEIRAS CONEXÕES ENTRE SISTEMAS NOTACIONAIS   8

Bárbara M. Brizuela

INTRODUÇÃO

Como adultos, distinguimos entre números e letras de maneira inequívoca e procuramos impor essas distinções em nossas crianças: os números são para a aula de matemática, as letras para a aula de linguagem (isso se complica um pouco ao ingressar no terreno da álgebra, no qual o uso de letras deve ser introduzido em matemática). De fato, outras investigações mostraram como as crianças, desde uma idade muito precoce, podem distinguir entre diferentes sistemas notacionais (Ferreiro e Teberosky, 1979; Teberosky, Martí e Garcia-Milà, 1998; Tolchinsky, 1993; Tolchinsky e Karmiloff-Smith, 1992). Ferreiro e Teberosky (1979), por exemplo, descrevem as diferenciações que as crianças fazem entre desenhos e letras, por um lado, e letras e números, por outro. Teberosky, Martí e García-Milà (1998) observaram que, desde a precoce idade dos 3 anos, as crianças podem discriminar e categorizar estímulos correspondentes a diferentes sistemas notacionais, priorizando suas características formais. Nessa idade, as crianças são capazes desse tipo de diferenciações, apesar de não poderem interpretar, nem usar as notações. Esses autores assinalam que é em torno dos 5 anos que as crianças podem distinguir claramente entre números e letras. As investigações de Tolchinsky (Tolchinsky, 1993; Tolchinsky e Karmiloff-Smith, 1992), desenvolvidas do ponto de vista da modularidade e do domínio específico, exploram como as crianças decidem que combinações de elementos *não* servem para "escrever" e para "contar". Em suas investigações, observou que, desde os 4 anos, as crianças podem distinguir entre números e letras.

A análise, neste capítulo, será centrada em *sistemas externos de representação* (Martí e Pozo, 2000). Neste capítulo, seguirei uma perspectiva oposta àquela tomada nas investigações mencionadas. Enquanto nelas se analisam as *distinções e diferenciações* que as crianças são capazes de fazer, neste capítulo irei me centrar nas *conexões e relações* que as crianças estabelecem entre diferentes sistemas notacionais, em particular as relações e conexões que estabelecem entre números e letras. Se, a partir dos 3 ou 4 anos, as crianças já podem distinguir entre números e letras, não haverá também situações nas quais as crianças possam utilizar seus conhecimentos sobre um desses sistemas: para utilizar no outro? Por exemplo:

A. Poderão as crianças usar seus conhecimentos da língua escrita, quando estão escrevendo números?
B. E poderão as crianças usar seus conhecimentos das notações matemáticas, quando estão escrevendo palavras ou letras?

Neste capítulo, nos centraremos na primeira das perguntas, sem ignorar as conseqüências da segunda. Vale a pena esclarecer que, do mesmo modo que as diferenciações e distinções entre diferentes sistemas notacionais, como números e letras, não são sempre conscientes, nem objetos de reflexão para as crianças, tampouco pressuponho igualmente que as conexões e as relações entre números e letras sejam conscientes por parte das crianças.

As investigações desenvolvidas por Mónica Alvarado, no México, também exploram esse tipo de conexões entre números e letras (Alvarado, 2002; Alvarado e Ferreiro, 2000). Mais especificamente, em sua investigação ela comparou "os recortes orais que guiam a escrita de palavras com os recortes orais que guiam a escrita de números nas mesmas crianças" (p. 7). Como bem assinalam Alvarado e Ferreiro: "deveremos compreender as intricadas relações que, no curso da evolução, mantêm entre si os números e as letras: dois sistemas *diferenciados*, mas também *relacionados*" (p. 17, grifos nossos).

Neste capítulo, focalizaremos dois exemplos, o de Paula e o de Tomás, crianças de 5 e 6 anos respectivamente, que freqüentam jardins de infância[1] em um centro urbano no nordeste dos Estados Unidos.

PRIMEIRAS CONEXÕES: O CASO DE PAULA

Durante três meses, levei a cabo entrevistas clínicas de tipo piagetiano com Paula[2] (5;0), a cada três semanas. Nesse momento, Paula freqüentava um jardim-de-infância em uma escola pública. Paula é a única filha de uma família de classe média, profissional. É uma menina esperta, vivaz e alegre, que se relaciona facilmente com outras crianças e com adultos.[3] Cada entrevista durou entre 30 e 45 minutos e foi transcrita em sua totalidade. Minha intenção era explorar suas idéias sobre o sistema numérico e seus aspectos notacionais. Em cada entrevista, apresentava a Paula diferentes materiais (moedas, papel e lápis, dados, cartões com números impressos) e perguntas sobre o sistema de numeração e seus aspectos notacionais. Em nossa primeira entrevista, por exemplo, Paula disse que podia escrever e ler os números do um ao doze, e que podia contar do um ao vinte e oito. Paula disse que sabia os números do um ao doze, "porque os vejo sempre no relógio da cozinha". No princípio, não parecia haver uma coerência ou um padrão sistemático na maneira com que ela interpretava os números escritos. Podia interpretar um número de uma certa maneira (usualmente, de um modo não-convencional) e, pouco depois, lê-lo de um modo diferente.

O momento que gostaria de sublinhar, nesta sessão, ocorreu durante nossa terceira entrevista. Durante essa entrevista, Paula não tinha podido dar interpretações convencionais para os números que eu escrevia, nem produções convencionais para os números que eu lhe pedia que escrevesse. Um momento antes do episódio que descreverei em detalhe, Paula tinha conseguido escrever, a pedido, o número cem convencionalmente. Segundo Paula, sabia que o 100 se escreve cem, porque tinha esse número escrito em um livro (!). Quando lhe perguntei se o livro lhe dizia como ler e escrever outros números, disse-me que o livro só tinha números "grandes". Ou seja, até o momento em questão, o único número maior do que 12 que ela havia produzido e interpretado de modo convencional, durante nossas entrevistas, era o número 100. Depois de escrever 100, pedi a Paula que me dissesse como interpretaria o número 48, que eu tinha escrito, junto com o número 100. A intenção de escrever o número 48 era explorar qual seria a lógica que Paula utilizaria, ao interpretar números compostos. Diante desse pedido, Paula começa dizendo:

P: Trinta e um, trint... (pausa)
B: Que número pode ser?
P: Quarenta e oito.
B: Esse número é quarenta e oito (surpresa). Como o soubeste?
P: Porque, é como que eu... eu estava fazendo assim (pondo suas mãozinhas do lado da cabeça, como se estivesse pensando), eu estava pensando em minha mente e estava fazendo assim... (pausa)... que se, que se escreve outro número aqui, escreve outro número aqui (assinalando o papel frente a ela).

Aqui, Paula não pode "explicar-me", oralmente, como pôde interpretar convencionalmente esse número. Portanto, escolhe "explicar-me" através de suas ações. Talvez a similitude, nas interpretações de dois números diferentes, lhe fosse útil para poder explicar como tinha obtido a interpretação de 48, um fato que, na hora, me surpreendeu muito, dado que não o havia feito anteriormente.

B: Bem (e escrevo o número 46).

No momento, escolhi escrever 46 por ser um número que compartilhava elementos com 48. Pensei que as similitudes entre 46 e 48 ajudariam Paula a dar uma explicação em nível oral.

P: Estava pensando assim (põe suas mãos nos lados de sua cabeça e olha o número). Quarenta e seis (falando lentamente).
B: Mas, como pensas assim?
P: Porque eu sei, em minha mente.
B: Tu me ensinarias como o fazes, para que eu também saiba fazer?
P: Sim, só...
B: Como sabes o que dizer?
P: Porque eu só sei que é, primeiro digo um quatro e depois digo um seis, e depois digo: "Ah! Quarenta e seis!"

Paula expressa aqui uma similitude que ela pôde perceber entre os números, quando se encontram de maneira isolada (quatro-seis) e quando são encontrados em números compostos. É como se pensasse: o 4, por si só, é quatro; mas, quando é combinado com outro número, deixa de ser quatro e passa a ser quarenta. Quando os números se combinam, mantêm similitudes com os números isolados, mas também têm outro nome.

B: Posso escrever outro número?
P: E eu penso qual é?
B: Sim, para que me ensines como o fazes (escrevendo 31).
P: Agora, este é um pouco difícil.
B: De verdade? Bem, então talvez eu possa te ajudar.
P: Digo trezentos [sem estar convencida], estou tentando pensar muito. Três um.

Novamente, Paula mostra como ela entende que há uma similitude entre um 3 apresentado por si só, e um 3 apresentado dentro de um número composto, junto com outras cifras. É o mesmo número, mas também é diferente; daí que tenha um nome diferente. Se o 3 se encontra com outro número, não pode continuar se chamando de três.

B: Qual número pode ser?
P: Não sei.
B: Te lembras de quantos anos tem tua mamãe?
P: Trinta e quatro.
B: Sabes como escrever sua idade?
P: (Escreve trinta e quatro, ver Figura 8.1.)[4]
B: Quer dizer que ela tem trinta e quatro anos. E esse número, o lês como três quatro?
P: Não.
B: Como o lês? Como dizes esse número?
P: Dizes... primeiro pensas em um três, e depois fazes como uma letra maiúscula, mas, em vez de uma maiúscula, um número maiúsculo, assim que é trinta e quatro.

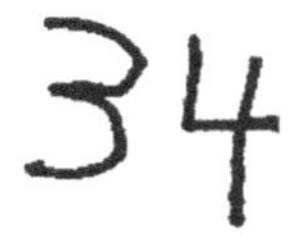

34

FIGURA 8.1 O número trinta e quatro, escrito por Paula.

CONTEXTOS DE ALFABETIZAÇÃO INICIAL **117**

Aqui, Paula começa a estabelecer um paralelo entre língua escrita e números. Estabelece uma similitude entre, por um lado, letras maiúsculas e minúsculas e, por outro, números apresentados de maneira isolada e em combinação com outros números. Esse paralelo, entretanto, me escapa ao entrevistá-la, já que, no momento, não compreendia o que ela queria me dizer com "números maiúsculos".

B: Quer dizer que este (assinalando o número 31, que eu havia escrito previamente), qual número pode ser?
P: Trinta e três (em dúvida). Trinta e um!
B: Trinta e um. Sim (pausa). Te parece que poderia ser? Está bem? Esse é o trinta e um? (tentando confundi-la)
P: Ouve! Agora eu sei! Porque fizeste dois três (um em 31, e outro em 34, ver Figura 8.1) em cada um, e esse é um três (assinalando o 3, em 34, na Figura 8.1), me lembro como fazer um três, agora, e agora sei como fazer trinta e três!
B: Sabes como escrever o trinta e três? Qual era este? (querendo confundi-la, assinalando o 31 que eu havia escrito previamente) Estou confusa.
P: Trinta e três. Qual é a maiúscula de três, nesse número? (assinalando o número 31 que eu havia escrito previamente)
B: Disseste, quanto era este? (assinalando o 31 que eu havia escrito previamente)
P: Outra vez, qual era a maiúscula de um?
B: Por que as chamas de maiúsculas?

Finalmente, pude me enfocar no que Paula me diz sobre números maiúsculos, pedindo-lhe uma explicação que seria sumamente reveladora.

P: Trinta!! E um.
B: Por que os chamas de números maiúsculos?
P: Letras maiúsculas, e números maiúsculos.
B: O que são números maiúsculos?
P: É como, como se eu escrevo um número pequeninho, pequeninho (escrevendo a Figura 8.2).

FIGURA 8.2 Um número pequeninho, pequeninho, escrito por Paula.

P: Poderia ser um número maiúsculo, poderia ser um número pequeninho... na verdade, não é assim... na verdade, é como... maiúscula é outra maneira, esta é uma maneira de escrever a letra "e", não está certo? (escrevendo a letra, na Figura 8.3.)

FIGURA 8.3 Uma maneira de escrever a letra "e" – a letra maiúscula.

B: Sim.
P: E depois esta é outra maneira de escrever uma letra "e" (escrevendo a letra, na Figura 8.4). Isso é minúscula.

FIGURA 8.4 Outra maneira de escrever a letra "e" – a letra minúscula.

B: Qual é maiúscula?
P: Esta (assinalando a letra na Figura 8.3).
B: Então, qual desses é maiúscula? (assinalando os dígitos em 31 que eu havia escrito e em 34, que Paula havia escrito – ver Figura 8.1). Dos números?
P: Digo que este (assinalando a letra na Figura 8.4). Dos números?
B: Sim.
P: Trinta e três. Quer dizer que trinta é o número maiúsculo de três. E essa é a outra maneira de escrever um três (assinalando o 3, em 31).

Depois, Paula continuou explicando quais eram as "maiúsculas" de outros números: trinta é a maiúscula de três; quarenta, de quatro; sessenta, de seis; setenta, de sete; oitenta, de oito, e noventa, de nove. Disse que "não sabia" quais eram as maiúsculas de dois e cinco: em inglês, o idioma no qual foram feitas as entrevistas, a relação – na emissão verbal – entre dois e vinte (*two* e *twenty*) e entre cinco e cinqüenta (*five* e *fifty*) não é tão óbvia, para Paula, como a dos outros números.[5] Em nossas conversas, não menciona a maiúscula do número um.

Durante nossas conversas, peço a Paula que vá além do âmbito no qual se sente cômoda. Não está satisfeita com chamar 31 de "três um"; sabe que esse não é o nome correto. Ao tentar proporcionar uma interpretação convencional, ou pelo menos satisfatória para ela, elabora a idéia dos números maiúsculos. Não começa a entrevista com essa idéia já elaborada, a desenvolve durante a entrevista, para poder prover uma explicação para sua interpretação convencional. Podemos intuir que Paula já sabe, por interação com o amplo mundo dos números e do sistema gráfico numérico, que um 4, por si só, não pode se chamar do mesmo modo que um 4 combinado com outros números. Ela estabelece uma relação entre quatro e quarenta (e depois três e trinta).

Existem muitas idéias por trás dos números maiúsculos. Em primeiro lugar, Paula mostra, através de seu conceito, que distingue entre as posições que ocupam os diferentes números: não é o mesmo estar no lugar das "unidades" (embora ela não as chame assim) que no lugar das dezenas (se limita a essa diferenciação entre unidades e dezenas). A posição que ocupam os números faz deles algo diferente. Se suas posições são diferentes, devem também se chamar de modo diferente. Ou então, talvez possa entender que um número, por si só, não pode se chamar igual ao que está combinado com outros números. O tema da posição dos dígitos se torna importante, no caso de Paula, porque não muda o nome dos números, no lugar das unidades: reserva essa mudança de nomes, sempre, aos números no lugar das dezenas.

Quanto ao que nos ocupa, neste capítulo, Paula exemplifica as conexões que as crianças podem estabelecer entre sistemas notacionais. Paula já distingue entre números e letras, o que fica constatado quando, ao lhe pedir que escreva números ela escreve números, e, ao falar de letras (maiúsculas e minúsculas), ela escreve letras exclusivamente. Em que pese essa diferenciação que ela já é capaz de fazer ao construir o conceito do número maiúsculo, o "toma emprestado" da área da língua escrita. Esse "tomar emprestado" é, de certa forma, nosso modo adulto de ver as coisas, já que, para ela, talvez simplesmente faça parte de seu repertório de conhecimento. Ao procurar resolver o dilema ao qual se vê deparada, toma de onde pode, sem restringir-se necessariamente ao âmbito dos números exclusivamente. É muito provável que todos façam isso ao construir conhecimentos, como o demonstrarão mais adiante alguns exemplos da história das notações matemáticas e musicais.

Cabe assinalar que o caso de Paula, quanto aos números maiúsculos, não é único. Vários anos depois de ter entrevistado Paula, entrevistei um menino de 5 anos que freqüentava um jardim-de-infância, na cidade do México, que apresentou idéias bastante similares. Esta é a conversa que tive com Ricardo; suas idéias estavam menos articuladas do que as de Paula, mas, de qualquer modo, para poder distinguir entre diferentes "tipos" de números ("grandes" e "pequenos"), utiliza conceitos que para nós são da área da língua escrita:

B: Por exemplo, se eu ponho assim, e assim, e assim (escrevo 3, 33 e 333). Estes são três números, sim? Um, dois, três números. Algum desses é mais?
R: (Concorda.)
B: Qual?
R: (Assinala o 333.)
B: Por quê?
R: Porque são maiores.
B: Quais são maiores?
R: Os de três.
E: Os de três são maiores? Por quê?
R: Porque são maiúsculos.
B: São maiúsculos? O que são maiúsculos?
R: ... Isso me ensinam em minha casa, mas já não me lembro.
B: Aaa, mas me conta sobre isso, me conta isso, assim eu também sei. O que te ensinam? O que são os maiúsculos? Qual desses números é maiúsculo?
R: (Assinala o 333.)
B: Este. É maiúsculo de qual?

Minha pergunta a Ricardo se remete a recordar a relação que Paula havia estabelecido entre números isolados e compostos, em que cada cifra tinha uma maiúscula que lhe correspondia. Entretanto Ricardo fala de maiúsculas de um modo ligeiramente diferente.

R: Que esses dois (assinalando o 33 e o 3).
B: Que esses dois, mmm... este (assinalando o 333) então é o que é mais. E qual é o que é mais pouquinho?
R: (Assinala o 3.)
B: Este. Por quê?
R: Porque, nada mais, é um.
B: E este, tem maiúsculo?
R: Minúsculo.
B: Este é o minúsculo (assinalando o 3), e este é o maiúsculo (assinalando o 333). Sim?
R: (Concorda).

Ricardo chama os números "pequenos" (de uma e duas cifras) de minúsculos, e os números "grandes" (de três cifras) de maiúsculos. Entretanto, à diferença de Paula, não estabelece a relação entre os números e seus nomes: ela assinala que trinta é a maiúscula de três, sempre atendendo ao mesmo tempo à maneira com que se escrevem e combinam os números.

O exemplo de Tomás, que apresentarei agora, exemplifica outras maneiras pelas quais as crianças podem estabelecer conexões entre diferentes sistemas notacionais.

Os pontos e as vírgulas nos números: o caso de Tomás

Tomás,[6] um menino de 6 anos recém-feitos, freqüenta o jardim-de-infância em uma escola particular religiosa no mesmo centro urbano em que vive Paula.[7] Tomás e eu trabalhamos juntos durante oito entrevistas clínicas. Quando as sessões foram realizadas, Tomás estava terminando o jardim-de-infância e se preparando para ingressar no ensino fudamental. Os pais de Tomás me disseram, antes de começar a trabalhar com ele, que o menino havia desenvolvido muito interesse nos números e na matemática, durante o último ano.

Comecei as sessões interessada no pensamento de Tomás sobre os números escritos e como funciona o sistema de numeração escrito. Não estava particularmente interessada em saber o quanto representavam os números escritos para ele, ou em saber as relações que podia estabelecer entre as notações e uma coleção dada de objetos. Em troca, estava interessada em compreender o pensamento de Tomás sobre como funciona o sistema de numeração escrito.

Neste capítulo, concentrar-me-ei no desenvolvimento do pensamento de Tomás sobre os pontos e as vírgulas nos números. Esses pontos e vírgulas referem-se tanto aos sinais de pontuação utilizados para marcar as partes inteiras e decimais de um número, como aos pontos e vírgulas que marcam os diferentes valores de posição em um número (como em 2.000^8 – dois mil –, ou em 1.000.000 – um milhão). Gostaria de assinalar que, quando comecei as entrevistas com Tomás, não era meu propósito concentrar-me nesses aspectos notacionais. De fato, surpreendeu-me o enfoque que Tomás deu a nossas conversas sobre números. Foi Tomás que escolheu essa concentração, devido às questões relacionadas com as notações numéricas com as quais ele estava lidando nesse momento.

Do mesmo modo, gostaria de assinalar o caráter inventivo das idéias desenvolvidas por Tomás, que construiu suas idéias sobre os pontos e as vírgulas nos números, e, como veremos, poderíamos dizer que reinventou o uso convencional dos pontos e das vírgulas nos números. Por outro lado, a ênfase na interseção entre os números e sinais de pontuação, característicos da linguagem escrita, novamente irá nos levar a refletir sobre as conexões entre sistemas notacionais, propostos no caso de Paula.

Quando começamos as entrevistas, Tomás escrevia e lia números de maneira convencional. Podia escrever convencionalmente números até 10 mil e ler convencionalmente números nos milhares (números de quatro dígitos). Já na primeira entrevista, escreveu um número com um ponto. Quando lhe pedi que escrevesse um "número muito difícil", escreveu mil como **1000** (ver Figura 8.5). Imediatamente depois, Tomás escreveu **10.000**, como exemplo de outro número "muito difícil", e me disse que se dizia dez mil (ver Figura 8.6).

FIGURA 8.5 Tomás escreve mil – um número muito difícil.

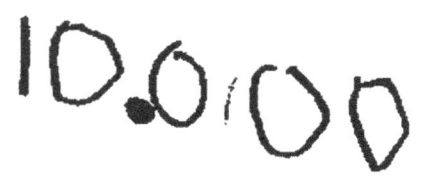

FIGURA 8.6 Tomás escreve dez mil – outro número muito difícil.

Na ocasião, não questionei o uso do ponto na escrita de números que Tomás fazia. Interpretei seu uso como uma aproximação à produção convencional de números escritos, apesar de que, em inglês – idioma em que foram feitas as entrevistas – utiliza-se a vírgula, e não o ponto, para agrupar as cifras de três em três.

Organizarei meu trabalho com Tomás em duas áreas: o uso dos pontos e das vírgulas para ajudá-lo a ler números, e o uso dos pontos e das vírgulas para organizar os números graficamente. Essas áreas emergiram da análise das entrevistas e de minhas reflexões sobre o tipo de trabalho construtivo envolvido na aprendizagem de Tomás sobre pontos e vírgulas em números. Ao descrever essas áreas, enfatizarei os aspectos construtivos da aprendizagem e descrevei as similitudes entre o tipo de dilemas e trabalho cognitivos que enfrentava Tomás e alguns marcos na história das notações.

Apesar de Tomás também ter usado os pontos e as vírgulas para separar as partes inteiras das decimais, nos números, neste capítulo não me concentrarei nesse aspecto. Gostaria de assinalar, entretanto, que, em nossa primeira entrevista, ele estabeleceu uma diferenciação entre o uso de pontos para separar as partes inteiras e decimais de um número, e seu uso para marcar os valores de posição em um número – para agrupar os dígitos. No primeiro caso, Tomás limitou seus exemplos ao uso do dinheiro, onde o ponto separa "dólares e centavos". Em nossa primeira entrevista, escreveu **9.91** (ver Figura 8.7) e o leu como nove dólares e noventa e um centavos. Quando lhe perguntei sobre o ponto, no número que havia escrito, Tomás respondeu que, em **9.91**, o ponto significava que a parte à direita do ponto eram centavos e a parte à esquerda eram dólares.

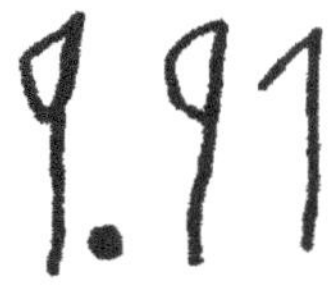

FIGURA 8.7 Nove dólares e noventa e um centavos, escrito por Tomás.

O uso de pontos e vírgulas para ajudar na leitura de números

Em nossa primeira entrevista, Tomás escreveu os seguintes números com pontos: **10.000** (ver Figura 8.6), **9.91** (ver Figura 8.7), e **100.1000** (ver Figura 8.8). Leu esses números como dez mil; nove dólares e noventa e um centavos; e cem mil, respectivamente. Quando lhe perguntei sobre os pontos que estava escrevendo nos números, disse que, em **10.000**, o ponto lhe dizia que dez mil era dez mil e não outro número. Também me explicou que, se **100.1000** não tivesse um ponto, então seria lido como "mil um" e não como "cem mil". Ou seja, sem o ponto, Tomás não considerava os últimos três zeros, em **100.1000**, como parte do número. No caso de **9.91**, o considerou como outro tipo de número, isto é, como dinheiro.

CONTEXTOS DE ALFABETIZAÇÃO INICIAL **123**

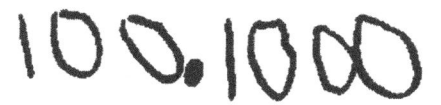

100.1000

FIGURA 8.8 Tomás escreve cem mil.

Desde essa primeira entrevista, Tomás começou a desenvolver suas idéias sobre os pontos nos números. Na primeira entrevista, a principal maneira com que pensava sobre os pontos era como provendo uma maneira de poder *ler* os números. Tomás parecia estar utilizando os pontos para organizar sua *leitura* dos números. Esse uso é similar ao uso dado aos sinais de pontuação, em língua escrita em que as vírgulas e os pontos ajudam na leitura de textos. Fica como interrogação se o menino já conhecia o uso que se dá aos sinais de pontuação em língua escrita, e estava "tomando emprestado" (o que nos lembra de Paula) da área da língua escrita para poder entender, produzir e interpretar números escritos.

Nas entrevistas seguintes, Tomás continuou elaborando sua idéia de que os pontos nos números serviam para saber o que ler. Por exemplo, quando, durante nossa segunda entrevista, escrevi os números **1.000.000** e **100.000.000.000**, Tomás leu o primeiro como "um" e o segundo como "cem zero, zero, zero, zero, zero, zero, zero, zero". Também leu 1.000 como um e 1000 como mil. Desse modo, o ponto ajuda o leitor – Tomás – a decidir como ler os dígitos que se colocam à esquerda do ponto: **10.000** é *dez* mil, 1.000 é *um*. O ponto também ajuda o leitor a decidir como ler os dígitos que se colocam à direita do ponto: os dígitos à direita do ponto não se lêem (como 1.000 – um), ou são lidos de maneira *diferente* (como em **9.91**, onde os dígitos à direita do ponto significam centavos, em vez de dólares).

Durante nossa terceira entrevista, Tomás elaborou uma idéia muito interessante sobre o uso dos pontos nos números. Em dado momento, durante a entrevista, sugeriu não usar nenhum ponto para escrever o número um bilhão, e depois exclamou: "Se não há pontos... mas os pontos não *fazem nada*!" Perguntei a ele para que eram os pontos, e ele explicou: "O ponto te diz para parar... É como uma luz vermelha. Te diz para parar e ler isso". Nessa explicação, Tomás tornou explícita a idéia sobre a qual tinha estado atuando, nas duas entrevistas anteriores. Quando disse "te diz para parar e ler isso", podemos interpretar que Tomás queria dizer que o ponto em dez mil (**10.000**), por exemplo, lhe diz para ler a primeira parte – dez – e depois que pare. Depois de parar, pode-se ler ou decidir o que fazer com o resto do número.

Outro exemplo do uso de sinais de pontuação para ajudar na leitura de números se deu na quarta entrevista. Nessa entrevista, Tomás escreveu o número sete mil e quarenta como **7040**. Quando escreveu esse número, perguntei a ele se podia pôr uma vírgula no número (tinha estado trabalhando com vírgulas, e não pontos, nesse momento). Tomás escreveu **70,40**, enquanto, simultaneamente, eu escrevi **7,040**. Quando notei essa discrepância, mostrei a Tomás a diferença entre nossas escritas e lhe perguntei o que pensava. Ele me disse que, em **70,40**, dizia *setenta* mil e quarenta – usando, aparentemente, sua regra de parar e ler depois do sinal de pontuação – e que *sete* mil e quarenta se escrevia **7,040**. Assim, mudou a vírgula em sua escrita e finalmente escreveu **7,040**.

Uma mudança interessante que ocorreu durante nossa quarta entrevista foi quando Tomás começou a usar vírgulas, em lugar de pontos, ao escrever números. Ao final da quarta entrevista, Tomás parecia começar a rechaçar o uso de pontos e aceitava, em vez disso, o uso de vírgulas em números como **1,410** (mil quatrocentos e dez),[9] **7,040** (sete mil e quarenta), **10,000** (dez mil), e **300,010** (trezentos mil e dez). Tomás me explicou que os pontos e as vírgulas eram diferentes, embora não estivesse certo de como eram diferentes. Enquanto os pontos "te dizem para parar", não sabia o que as vírgulas faziam. Durante o transcurso de nossa quinta entrevista, Tomás continuou usando exclusivamente vírgulas para escrever e ler números, como em **10,000** (dez mil), **54,005** (cinqüenta e quatro mil e cinco) e **700,001** (setecentos mil e um). Entretanto, em nossa sexta entrevista, Tomás começou a aceitar o uso indistinto de pontos e vírgulas. Aparentemente, passou do uso exclusivo de pontos ao uso exclusivo de vírgulas e à possibilidade de usar ambos. Em nossa última entrevista, aceitou que os pontos e as vírgulas podiam ser usados indistintamente, embora tenha explicado que continuavam sendo levemente diferentes: o ponto te diz onde parar e ler, enquanto que a vírgula "provavelmente é apenas uma pausa... mas não sei se realmente é para uma pausa". Apesar disso, ao escrever números, Tomás tinha começado a usar vírgulas quase exclusivamente (como em sua escrita de **10,000**, **100,000** e **1,000,000**). Mas, ao interpretar números, aceitava os pontos e as vírgulas como indistintos (por conseguinte, tanto 1.000 como 1,000 podiam ser mil e tanto 10.000 como 10,000 podiam ser dez mil). De forma similar, em diferentes idiomas, são utilizados pontos ou vírgulas em números escritos com diferentes funções. No âmbito do inglês, por exemplo, usam-se as vírgulas para agrupar os dígitos e os pontos para separar as partes inteiras das decimais, nos números. No âmbito do castelhano, utilizam-se os sinais em funções opostas: os pontos agrupam os dígitos, e as vírgulas separam partes inteiras de decimais, nos números. Por conseguinte, as mudanças observadas no uso de um sinal ou outro, em Tomás, nos lembram a verdadeira arbitrariedade na escolha de que sinal cumpre que função. Poderiam bem ser utilizados os dois pontos, um travessão, ou uma barra.

As idéias e interpretações de Tomás sobre o uso e o papel dos pontos e das vírgulas, nos números, poderiam ser similares a suas idéias incipientes na área de língua escrita. Que os pontos lhe digam "onde parar" e que as vírgulas lhe digam "que faça uma pausa", isso soa vagamente familiar. Essa "similitude", entretanto, não deveria significar, de nenhuma maneira, que Tomás não pode distinguir entre língua escrita e números escritos. Devido a que está aprendendo ambos os sistemas ao mesmo tempo, suas idéias sobre um podem naturalmente deslizar para a outra área. Será interessante explorar, mais adiante neste capítulo, que os sinais de pontuação tiveram usos similares, na história precoce das notações musicais e na língua escrita, aos usos que Tomás descreveu para os números escritos (Treitler, 1982).

Tomando as similitudes com a língua escrita, os sinais de pontuação não servem apenas para ajudar na leitura de textos. Eles também cumprem a função de *organizar* os textos. Veremos, na próxima seção, como Tomás também utiliza os pontos e as vírgulas não apenas para ajudá-lo a ler números.

O uso de pontos e vírgulas para organizar números graficamente

Além de usar os sinais de pontuação para ajudá-lo a ler números, Tomás também começou a usar pontos e vírgulas para organizar graficamente os números. O uso dos sinais de pontuação para a leitura e a organização gráfica dos números não está dissociado, como veremos. A *organização gráfica consistente*, por meio do uso de pontos e vírgulas, foi uma *ajuda para a leitura* de números, de Tomás.

Durante nossas duas primeiras entrevistas, Tomás tornou explícitas algumas de suas idéias sobre a organização gráfica de números. Nesse momento, não era óbvio, para mim, que era isso que ele estava fazendo. Por exemplo, começou lendo grupos de dois zeros como "cem". Desse modo, Tomás leu o número **10.00** como "dez cem". Os grupos de dois zeros eram "cem", provavelmente porque o número cem tem dois zeros. Por outro lado, grupos de dois ou três zeros – os *sets* de zeros, como chegou a chamá-los, – estavam divididos por pontos e os pontos lhe diziam como ler esses *sets* de zeros. Um *set* de dois zeros, por exemplo, era lido como "cem", enquanto que um grupo de três zeros era lido como "mil". Os três zeros eram chamados de mil provavelmente porque o número mil contém três zeros.

Durante nossa quarta entrevista, Tomás deu outros exemplos do uso que fez dos sinais de pontuação para organizar números. Durante essa quarta entrevista, Tomás foi muito consistente em seu uso de pontos e depois de vírgulas, usando-os para dividir os números em grupos de três dígitos. Por exemplo, quando Tomás escreveu sete mil e quarenta como **7040** e decidiu pôr uma vírgula depois dos primeiros dois dígitos, a partir da esquerda (ou seja, **70,40**), depois mudou sua escrita para **7,040**. Insistiu que, se o número devia ser *sete* mil, em vez de *setenta* mil, então a vírgula devia estar nesta última posição. Esse é um exemplo do uso simultâneo que Tomás fez de sinais de pontuação para *ler números* e *organizá-los graficamente*.

Tomás continuou elaborando a idéia dos *sets* de zeros em um número, que tinha começado a desenvolver nas duas primeiras entrevistas. Nessa quarta sessão, falou dos *sets* de zeros como grupos de três dígitos. Por exemplo, quando comparou minha escrita de um bilhão (**1,000,000,000**) com sua escrita de cinco milhões (**5000,000,000**), disse-me que o número que *eu* tinha escrito era um *milhão*, porque "lhe falta um *set* de zeros". Esta foi uma maneira muito gráfica de agrupar os dígitos e se referia, uma vez mais, a como usava os sinais de pontuação para organizar os números. Tomás me disse que "milhão" tinha três *sets* de zeros e que, portanto, "bilhão" tinha que ter um *set* de zeros a mais do que milhão. Segundo ele, um bilhão devia ser escrito como **1,000,000,000,000**.

Depois, durante nossa quinta entrevista, quando Tomás tratou de escrever o número dez mil, escreveu **10 000**, deixando um espaço entre os dois dígitos a partir da esquerda e o grupo de três dígitos à direita.[10] Explicou-me que tinha deixado um espaço depois do **10**, "em vez de colocar uma vírgula". Nesse intercâmbio, Tomás também estava tentando organizar graficamente, de alguma maneira, o número.

Depois, durante nossa entrevista seguinte, o menino estava trabalhando com cartões com números neles escritos, procurando ordená-los desde os números que são "menos" até os que são "mais". Tinha um cartão com a escrita **10.00**. Quando teve de decidir onde pôr o cartão na série, Tomás disse:

> T: É dez cem... isto é mil, porque não há uma coisa assim como dez cem, e, assim, tem que ser mil.

Tomás estava usando o ponto para lhe dizer como *ler* o número. Também estava pensando em grupos de dois zeros como representando "cem". Nesse caso, a perspectiva de Tomás de usar pontos para ler números entra em conflito com seu novo método de organizar números graficamente, em *sets* de três dígitos. Como estava escrito, o número devia ser "dez cem". Mas, devido aos "*sets* de zeros" que tinha, devia, na realidade, ser mil. Entretanto mil é, de fato, o mesmo que dez (vezes) cem, em termos de quantidade, se reorganizamos os *sets no* número. As idéias de Tomás sobre o uso de pontos em números e sobre *sets* de dígitos deverão ser coordenadas com outro aspecto do sistema de numeração: o valor posicional. Uma vez que as idéias de Tomás se conectem ao valor posicional, pode não encontrá-las em conflito, mas como dois aspectos diferentes do mesmo sistema de numeração escrito. Desse modo, poderá ver **10.00** e **1.000** tanto como dez cem, ou como mil, a leitura convencional do número.

A leitura de Tomás de **10.00** como necessariamente mil também pode ser tomada como um exemplo de sua necessidade de ajustar-se a uma leitura e escrita convencional dos números. Podemos imaginar que, em algum momento de seu desenvolvimento, Tomás poderia aceitar que mil poderia ser reorganizado em dez cem, tornando possível sua leitura de **10.00** como dez cem. Apesar de que **10.00** deveria ser dez cem, seguindo sua regra do uso dos pontos nos números para saber onde parar e ler, ele nunca antes havia escutado a leitura de dez cem e, portanto, usou os *sets* de zeros para guiá-lo a saber que esse número era mil. Parece que Tomás estava pensando em quantos zeros têm os números – quantos *sets* de zeros – para decidir que número era. Em sua interpretação de **10.00**, Tomás oscilou entre usar o ponto para dizer-lhe como ler o número, e usar o ponto para organizar o número graficamente em *sets* e, finalmente, restringiu-se ao uso do ponto para agrupar *sets* de três dígitos. Quando continuou ordenando os cartões com números neles escritos, Tomás pôs **1.000** e **1000** juntos, como o mesmo número. Tomás também queria colocar **10.00** junto a esses números, e pedi-lhe que justificasse sua decisão. Procurando se adaptar a esse pedido, mudou esse número para **10.000**, apagando o zero à esquerda do ponto e acrescentando um zero no final do número. Tomás disse: "se ponho apenas um zero aqui [no extremo direito do número] seria *dez* mil, então tens que apagar o zero aqui [à esquerda do ponto] [para ter mil]". Esse parece ser um exemplo no qual procurava combinar o uso de pontos e vírgulas para *ler* números, com sua nova idéia sobre *sets* de zeros e seu uso dos sinais de pontuação para organizar graficamente os números.

Enquanto que, na entrevista anterior, Tomás tinha decidido que **1,000,000** devia ser lido como "três zeros mais que mil", nessa sessão começou a chamar esse número de "mil mil".[11] Depois, durante nossa sétima entrevista, ao lhe apresentar o número escrito **10000**, lhe perguntei:

E: Se tivesses que colocar uma vírgula [em 10000], onde a porias?
T: Aqui [acrescentando uma vírgula a 10000, transformando-o em 10,000]. Mas então, teria que ser dez mil.

Novamente, Tomás usou os sinais de pontuação – a vírgula, nesse caso – para organizar o número em *sets* de três dígitos, e para ler o número. Durante nossa última entrevista, quando escrevi o número **10,0000**, primeiro o olhou e contou o número de zeros, acrescentou um zero entre o primeiro e o segundo zero a partir da esquerda, e correu a vírgula. Acabou com o número **1000,000** e disse que esse número era mil, mas que poderia mudá-lo para um milhão, acrescentando uma vírgula, acabando com **1,000,000**.[12] No final dessa sessão, Tomás escreveu o número **5,000,000** e o leu como "cinco milhões", e depois escreveu **4,000,000,000** e o leu como "quatro mil milhões". Esses são outros exemplos do uso que Tomás fez dos sinais de pontuação para organizar os números em *sets* de três dígitos. Embora nem sempre utilizasse os nomes convencionais para os números, continuava sendo consistente nos nomes que dava aos números, enfocando-se na progressão de "*sets* de zeros".

Em síntese, os dois temas principais no uso de sinais de pontuação que fez Tomás foram o uso para ajudar-se a ler números e o uso para organizar os números graficamente. Esses dois temas são similares aos temas que surgem no uso de sinais de pontuação na história das notações numéricas da língua escrita e das notações musicais. Como no exemplo de Paula, em Tomás e na história das notações, os limites entre diferentes tipos de notações não é tão estrito como gostaríamos de pensar.

Na produção e interpretação de números, Tomás incorpora sinais e usos de sinais que são propriamente da área da língua escrita. É provável que Tomás tenha visto anteriormente números escritos com pontos e com vírgulas. Essa informação, junto com a informação "emprestada" da língua escrita, é coordenada, em um uso extremamente útil e produtivo dos sinais de pontuação nos números: para ajudar em sua leitura e para agrupá-los graficamente.

As origens históricas dos usos dos sinais de pontuação nos números

Uma análise das origens históricas dos usos dos sinais de pontuação (como os pontos e as vírgulas) nos números, leva-nos a reflexões interessantes em torno do uso que Tomás faz deles. Parece ter havido dois usos diferentes dos sinais de pontuação, na história das notações numéricas: para agrupar os dígitos nos números (como nos "*sets* de zeros" de Tomás) e para marcar as partes inteiras e decimais dos números (Cajori, 1928). Cajori explica que "na escrita de números que contêm muitos dígitos, é desejável ter um símbolo para separar os números em grupos de três dígitos" (1928, p. 57). Os diferentes símbolos utilizados, ao longo da história das notações numéricas, para agrupar números em grupos de dígitos foram, com maior freqüência, os pontos, as vírgulas, as barras verticais, os arcos, os dois-pontos e o ponto-e-vírgula. Portanto, o uso de pontos e vírgulas por parte de Tomás tem um paralelo nas observações feitas na história das notações numéricas.

Os textos de história sobre notações numéricas raramente refletem os tipos de obstáculos cognitivos que se encontraram e que eventualmente levaram ao uso de sinais de pontuação nos números. Entretanto, se assumirmos que o uso que Tomás fez dos sinais de pontuação nos números é similar ao uso que ele poderia fazer deles em língua escrita, poderíamos recorrer a reflexões contemporâneas e históricas sobre o uso de sinais de pontuação na língua escrita. Por exemplo, Ferreiro (Ferreiro e Zucchermaglio, 1996; Ferreiro, Pontecorvo, Ribeiro Moreira e García Hidalgo 1996) explica que existe uma teoria sobre a pontuação como um "lugar de respiração" natural, que invade tanto as escolas como a história da língua escrita. De fato, Parkes (1992) chamou isso de uma "gramática da legibilidade". Os sinais de pontuação ajudam os leitores; de fato, o uso dos sinais de pontuação se originou nos leitores – não nos escritores – como uma guia para a interpretação (Parkes, 1992; Cavallo e Chartier, 1999; Ferreiro, Pontecorvo, Ribeiro Moreira e García Hidalgo, 1996). Como Parkes (1992) explica, os sinais de pontuação ajudam os leitores a compreender um texto, marcando neste as unidades de sentido.

Ferreiro assinala o uso dos sinais de pontuação através da evolução da escrita como *organizadores de textos* e como uma *maneira de limitar as possíveis interpretações dos leitores* (Ferreiro, Pontecorvo, Ribeiro Moreira e García Hidalgo, 1996). Esses usos são muito semelhantes aos usos que Tomás fez dos sinais de pontuação em números, para *organizá-los graficamente* e para *ajudar sua leitura dos números*. Em Tomás, a organização gráfica dos números tende para o agrupamento em grupos de três dígitos – em *sets*.

Uma exploração de algumas instâncias na história das notações musicais, no Ocidente, revela os paralelismos entre o uso dos sinais de pontuação na língua escrita e nas notações musicais. Portanto também assinala o paralelismo entre as idéias de Tomás sobre sinais de pontuação em números e seu uso na língua escrita e nas notações musicais. Por exemplo, um historiador, em torno do ano 1.100 A.D., explica:

> Assim como na prosa se reconhecem três tipos de distinções, que também se chamam de "pausas" – os dois pontos, a vírgula e o ponto – também é assim no canto. Na prosa, quando alguém faz uma pausa, ao ler em voz alta, chama-se de dois pontos; quando a oração é separada por um sinal de pontuação correto, chama-se de vírgula; quando uma oração termina, chama-se de ponto... De modo similar, quando um canto faz uma pausa, permanecendo na quarta ou quinta nota antes do final, há dois pontos; quando a metade do canto regressa ao final, há uma vírgula; quando chega ao final, há um ponto (Johannes, citado em Treitler, 1982, p. 269-270).

Enquanto que há similitudes entre o uso dos sinais de pontuação na língua escrita e em seu uso por parte de Tomás nos números, também há semelhanças paralelas entre o uso de sinais de pontuação na língua escrita e na história das notações musicais. Por outro lado, Treitler (1982) explica que "os sinais de notação [musicais] e os sinais de pontuação desempenham um papel similar em guiar o cantor/leitor a dar sentido a um texto" (p. 270).

É importante assinalar, a modo de encerramento, a maneira pela qual os conhecimentos elaborados por Paula e Tomás são enfocados em tratar de proporcionar interpretações para os números. Cada um sente que deve estar cômodo com a interpretação que dá a um número. Parte dessa satisfação pode residir em uma comparação entre suas interpretações e o conhecimento acumulado das convenções com as quais interagem. Ao interagir dia a dia com números, dão-se conta de que nunca escutaram um nome de número como três-um. Mas escutaram trezentos, ou trinta. Esses conhecimentos anteriores os guiam e ajudam na elaboração de novos conhecimentos.

REFLEXÕES

Neste capítulo, vimos como tanto Paula como Tomás exemplificam algumas formas com que os limites entre sistemas notacionais (numéricos e língua escrita, em seus casos) se confundem e se apagam levemente na hora de resolver certos conflitos e problemas. Para elaborar, construir e desenvolver suas idéias sobre notações numéricas, Paula recorre às maiúsculas; Tomás, aos sinais de pontuação. É bem sabido que as crianças, desde uma idade precoce, são capazes de realizar diferenciações entre sistemas notacionais. Entretanto as crianças também devem poder encontrar similitudes e coordenar algumas dessas similitudes. Como assinalei, no princípio do capítulo, não quero dizer que essas coordenações e a identificação de similitudes devam ser conscientes para as crianças. Simplesmente como os músicos e matemáticos de antanho, as crianças recorrem ao repertório existente de conhecimentos, sem fazer distinção do sistema notacional ao qual pertence esse conhecimento. As conexões entre sistemas de notações existem, como comprovam isso Paula e Tomás. Futuras investigações deverão tentar responder, com maior exatidão, "as intricadas relações que, no curso da evolução, mantêm entre si os números e as letras: dois sistemas *diferenciados*, mas também *relacionados*" (Alvarado e Ferreiro, 2000, p. 17, grifos nossos).

NOTAS

1. Chamado de "Kindergarten". Essas crianças, depois de completarem um ano de jardim-de-infância, ingressarão na primeira série do ensino fundamental.
2. A pedido da entrevistada, neste capítulo utilizo seu verdadeiro nome.
3. Ver Brizuela (1997), para outra análise das entrevistas com Paula.
4. Ao longo do capítulo, incluirei apenas as imagens dos números escritos pelas crianças, e não daqueles escritos por mim, a entrevistadora.
5. Embora a relação, na emissão oral entre três e trinta (*three* e *thirty*), não seja necessariamente óbvia ou transparente, o conhecimento da idade de sua mãe a ajuda, nesse momento, a estabelecer a relação e a conexão.
6. Tomás é um pseudônimo utilizado para identificar o menino que entrevistei.
7. Ver Brizuela (no prelo) e Brizuela (2000), para outras análises das entrevistas com Tomás.
8. Ao longo desta seção, marcarei em negrito os números, tal como foram escritos durante a entrevista (incluindo os pontos ou as vírgulas que foram marcados).
9. Todos os esclarecimentos sobre números que aparecem entre parênteses se referem às leituras/interpretações feitas por Tomás.
10. Cajori (1928) explica que, em 1540, o matemático Gemma Frisius deixava espaços entre grupos de três dígitos em vez de usar sinais de pontuação.
11. Novamente, se entendesse o sistema de valor posicional, poderia entender que, de fato, um milhão é o mesmo que "mil milhares".
12. Poderíamos, nesse momento, nos perguntarmos se o uso dos pontos e das vírgulas nos números estava ajudando Tomás, de alguma maneira, a compreender a equivalência entre "mil milhares" e "um milhão".

ALFABETIZAÇÃO "EM" E "ATRAVÉS DAS" CIÊNCIAS

9

Mercè García-Milà

INTRODUÇÃO

Na linha das novas proposições de alfabetização científica a partir de idades muito precoces, o presente capítulo tem como objetivo analisar os processos de ensino e aprendizagem de ciências, nos anos pré-escolares e nas primeiras séries do ensino fundamental. Em particular, põe-se ênfase nos processos de alfabetização que podem ser desenvolvidos quando se aprende ciências. Este capítulo pretende apresentar um olhar para a construção do conhecimento científico através da perspectiva da alfabetização.

Essa proposta é nova porque estuda os processos psicológicos de ensino e aprendizagem da ciência em etapas muito precoces, ou seja, analisando a atividade cognitiva do aluno quando constrói conhecimento científico. Em geral, os trabalhos que abordam o ensino das ciências nas primeiras etapas da escolarização o fazem a partir de um enfoque didático, sugerindo atividades manipulativas, curiosas e surpreendentes, para despertar o interesse da criança. Nos casos em que se adota uma perspectiva psicológica, esta se resume a uma interpretação equivocada das contribuições piagetianas. No presente capítulo, procuramos abordar essa análise a partir de uma interpretação mais rigorosa da teoria de Piaget, assim como dos últimos desenvolvimentos da psicologia cognitiva posteriores a Piaget. A partir dessa análise, observaremos que muitos dos processos psicológicos implicados na aprendizagem da ciência estão também presentes nos processos de alfabetização.

A faixa de idade em que nos centramos é a que corresponde à última série de pré-escolar e as primeiras de ensino fundamental, isto é, entre os 5 e os 8 anos. Visto que o capítulo se propõe a abordar os processos de alfabetização em conjunto com atividades de ciências, é necessário centrar-se em uma faixa de idade na qual as crianças tenham-se iniciado na leitura e na escrita. Consideramos essa faixa de idade como uma etapa educacional em seu conjunto. Portanto fazemos propostas de uma maneira geral, sem fazer referência específica à idade concreta para a qual tal proposta é mais apropriada, embora, na análise dos processos psicológicos, especifiquemos as importantes diferenças cognitivas entre uma criança de 5 e outra de 8 anos.

O capítulo está estruturado em três partes. Na primeira, estabeleceremos o que se entende por ciência e de que ciência falamos quando nos referimos a ciências na pré-escola e nas primeiras séries do ensino fundamental. Na segunda, realizaremos uma análise dos processos psicológicos que as crianças menores põem em jogo quando constroem as bases do conhecimento científico. Na terceira, tentaremos estabelecer a conexão entre ciência, por um lado, e leitura e escrita, por outro, destacando os processos cognitivos implicados na construção do conhecimento científico, que, por sua vez, estão estreitamente vinculados aos processos de alfabetização. Finalmente, o capítulo conclui com três propostas construtivistas, que integram o construtivismo piagetiano e a psicologia cognitiva na pré-escola e no ensino fundamental. Tal como já mencionamos, o objetivo deste capítulo, que, por sua vez, é o que o torna novo, é propor uma análise integradora da alfabetização e da aprendizagem de ciências, ou, o que dá no mesmo, aprender a "fazer ciência" ao mesmo tempo que, de forma integrada, se impulsionam os processos de alfabetização.

O QUE É CIÊNCIA E O QUE É ESPECÍFICO DA PRIMEIRA CIÊNCIA QUE CONSTRUÍMOS?

Para ensinar ciências, é necessário primeiro posicionar-se a respeito do que se entende por ciência; segundo, conhecer como se constrói o conhecimento científico, e, em terceiro lugar, analisar que aspectos do conhecimento científico as crianças menores são capazes de captar.

A American Association for the Advancement of Science proporciona uma visão da ciência que compartilhamos: "a arte de interrogar a natureza, isto é, o conjunto de valores requeridos para dominar a técnica de resolver problemas, o poder da razão e a arte da abstração" (AAAS, 1990). Essa definição, entretanto, deve ser matizada com a idéia de ciência como empresa social e coletiva. Ou seja, em nosso entender, a ciência consiste em uma atividade humana coletiva que tem por objetivo descobrir a ordem na natureza e averiguar as causas que governam essa ordem, levando tudo isso para o mundo da abstração.

Quando nos perguntamos o que é o conhecimento científico, com o fim de tomar decisões para ensiná-lo, é conveniente defini-lo a partir da trilogia já clássica de conceitos, princípios e teorias, estratégias de investigação e atitudes. Embora útil, em nível de análise, essa trilogia é artificiosa, já que não corresponde à realidade da ciência como um todo: nenhum conhecimento pode ser construído sem se desenvolver determinadas estratégias e tomar atitudes adequadas. Porém, muitos trabalhos de investigação trataram fundamentalmente dos aspectos conceituais e estratégicos em separado, chamando as estratégias de processo, e o conhecimento, de produto (Zimmerman, 2001, apresenta uma revisão).

O conhecimento científico, como produto, é formado de fatos, conceitos, princípios e teorias. Os fatos se definem como informação verificável, obtida a partir da observação e da medição; os conceitos são idéias abstratas que se organizam em torno dos fatos; os princípios são idéias complexas que resultam da combinação de vários conceitos, e as teorias são uma combinação de princípios que explicam, relacionam e predizem os fenômenos. O conhecimento científico, como processo, refere-se às estratégias de raciocínio e investigação implicadas na construção do conhecimento científico.

Para o desenvolvimento deste capítulo, é muito útil estruturar os processos estratégicos em dois grandes grupos, os básicos e os integrados. Os "processos estratégicos básicos" são observar, classificar, comunicar, tomar medidas, fazer estimativas e predizer. Os "processos estratégicos integrados" requerem uma combinação dos anteriores e representam os processos de investigação científica: identificar, controlar e operacionalizar variáveis, formular hipóteses, projetar experimentos, compilar, representar e interpretar dados, projetar modelos, fazer inferências, argumentar conclusões e, finalmente, elaborar informes científicos.

Ao aprender ciências, desenvolvem-se formas para compreender o mundo; para isso, os meninos e as meninas têm de construir conceitos que os ajudem a conectar experiências. São também desenvolvidas estratégias para adquirir e organizar informação e aplicar e comprovar idéias, ao mesmo tempo que se adquirem atitudes científicas. Tudo isso contribui para dar sentido ao mundo e também os prepara para tomar decisões e solucionar problemas na vida.

A orientação que tomamos, neste capítulo, em relação à aprendizagem da ciência, inscreve-se na perspectiva construtivista. De acordo com ela, a construção de conhecimento científico implica impulsionar uma série de processos que dão lugar a determinadas atitudes, ativam conhecimentos prévios e desenvolvem estratégias que ajudam a solucionar problemas e que operam sobre o próprio conhecimento. As perspectivas construtivistas mais atuais acrescentam a essa conceitualização o caráter refutativo dessa construção e, sobretudo, seu caráter social e coletivo. Esse caráter coletivo e social implica pôr ênfase nos processos de comunicação oral e, sobretudo, escrita. É nesse contexto que a linguagem assume uma relevância especial em nossas proposições. É interessante assinalar, além disso, que tal orientação coincide com a perspectiva epistemológica atual da ciência (Garcia-Milà, Izquierdo, Sanmartí, 1998).

Mais concretamente, uma perspectiva construtivista da aprendizagem de ciências, no início da escolarização, deve centrar-se em como pensam as crianças quando interagem com o mundo para compreendê-lo. As crianças constroem teorias quando se relacionam com os objetos, mas também quando procuram dar sentido ao escrito ou à notação numérica. Ou seja, as crianças constroem modos de interpretação em muitos âmbitos do conhecimento. Portanto, qualquer atividade realizada em aula deve basear-se no nível de desenvolvimento daquele que aprende, assim como no conhecimento que tenha podido adquirir. Para isso, é necessário um modelo eficaz daquilo que a criança pode fazer autônoma e independentemente, por um lado, e com ajuda, por outro. Necessitamos ter uma radiografia precisa dos capacidades cognitivas da criança nessas idades e, a partir disso, constatar onde ela pode chegar com ajuda.

QUE PROCESSOS PSICOLÓGICOS SÃO POSTOS EM JOGO, QUANDO SE APRENDE CIÊNCIAS?

Tradicionalmente, foi proposto o ensino das ciências nas primeiras etapas da escolarização a partir de uma óptica negativa, isto é, analisando-se o que a criança ainda não é capaz de fazer. Assim, por exemplo, dizia-se que os pré-escolares não podem pensar de forma abstrata, que não podem teorizar, que não podem observar sem deixar-se enganar pelas aparências, que não podem classificar com base em vários critérios, que não podem refletir sobre suas próprias ações e, portanto, não podem organizar, nem planejar um experimento científico. O resultado de tudo isso, no nível escolar, era um currículo de ciências que se organizava apenas em torno de atividades manipulativas, de espaços de trabalho ou de jogo nos quais se potencializava a manipulação autodirigida de materiais (água, terra, pinturas, etc.); ou então, no outro extremo, em torno de atuações mágicas, espetaculares, que captavam a atenção da criança pelos resultados inesperados e surpreendentes, mas que não desenvolviam a compreensão.[1]

O que nos diz a psicologia cognitiva a respeito das capacidades das crianças menores para realizar atividades científicas? A primeira radiografia exaustiva do pensamento das crianças é a que Piaget realizou. Esse autor descreve o período dos 2 aos 7 anos como de inteligência pré-operatória. A partir dos 2 anos, a função simbólica capacita a criança para formar símbolos mentais que representam objetos, pessoas ou fenômenos ausentes. O menino e a menina entram em um mundo de signos, símbolos, imagens e conceitos que representam a realidade ausente. A partir dos 2 anos, meninos e meninas vão compreendendo a natureza dos ícones, dos desenhos, das letras, dos números e dos mapas de forma gradual, especialmente a idéia de que o símbolo é a representação de algo. Os símbolos capacitam a criança para representar a realidade, para fazer inferências sobre ela, predizer relações sobre fenômenos para além do "aqui" e do "agora". A compreensão da natureza representacional dos símbolos é uma aquisição gradual e complexa, e está na base do pensamento racional.

Apesar do grande avanço cognitivo representado pela aquisição da função simbólica, e prosseguindo com a tese de Piaget, o pensamento da criança em idade pré-escolar está longe de alcançar o caráter lógico e rigoroso que requereria a construção de conhecimento científico. As explicações sobre os fenômenos naturais dadas pelas crianças entrevistados nos primeiros estudos de Piaget foram abundantemente descritas. Estas dizem que a lua as segue, que há montanhas grandes para passeios longos e montanhas pequenas para passeios curtos, que a sombra de uma árvore é a mesma que a sombra de uma mesa, que os trovões devem ter a boca muito grande para fazer tanto ruído, ou então que as nuvens se movem quando o sol está irritado com elas e as persegue (Martí, no prelo). Piaget interpreta essas explicações das crianças como dificuldades para operar mentalmente (entendendo por operação mental a ação interiorizada e reversível).

A tendência, no campo do projeto curricular de ciências, tem sido a de interpretar a teoria de Piaget em um sentido limitante e reducionista. Os desenhos curriculares de ciências no ensino fundamental, assim como os poucos trabalhos que se propõem ao ensino das ciências a crianças pré-escolares, mostram um viés para considerar a descrição de Piaget como uma restrição cognitiva para aprender ciências. As atividades curriculares de ciências, nessas idades, propõem como objetivo prioritário a prática das estruturas lógicas de seriação e classificação por meio de tarefas manipulativas com objetos concretos. Dito de outra forma, as abstrações, as idéias não conectadas ao concreto, seriam inacessíveis às crianças dessas etapas e, portanto, deveriam ser postergadas para os cursos superiores. Finalmente, prosseguindo com a difusão das propostas piagetianas, não seria senão na adolescência que as crianças poderiam pensar de maneira hipotético-dedutiva, compreender a lógica da experimentação, o controle de variáveis, a combinação fatorial ou as inferências derivadas destes, a investigação e a exploração científicas (no sentido de projetar experimentos, planejar, organizar-se sistematicamente para coletar dados e realizar inferências).

O resultado da aplicação da teoria de Piaget à didática das ciências, combinado com a necessidade de reagir a um modelo de ensino receptivo dá lugar, nos anos de 1960, às propostas curriculares chamadas de *hands on curriculum*.[2] Embora essas propostas tenham deflagrado uma série de mudanças fundamentais no campo do projeto curricular, foram bastante reducionistas ao considerar que a construção, embora mental, está veiculada pela manipulação. A atividade na aula se centrava "no concreto", mediante a observação, ordenação e categorização, e era enfatizada sobretudo a autonomia.

Muitos trabalhos questionaram os projetos curriculares baseados nas restrições cognitivas, que surgem de uma interpretação reducionista da teoria de Piaget, propondo uma interpretação mais rigorosa dessa teoria. Sustentam que o conceito de "concreto", aplicado às atividades na aula, foi extrapolado de forma exagerada para o projeto de atividades curriculares para as primeiras etapas da escolarização: é assim com a idéia de que as crianças pré-operacionais e operacionais são "pensadores concretos" e, portanto, as abstrações, idéias não vinculadas ao manipulável, ficam fora do alcance de sua mente. Devemos levar em conta que Piaget formulou "concreto" como referente concreto, presente ou internalizado. Um aspecto sobre o qual Piaget baseia sua idéia de "concreto" é definir a forma de pensar da criança no ensino fundamental, em função do referente ao qual se aplica a operação mental. As operações mentais da criança se aplicam a um aspecto da realidade, presente ou mentalmente representado (Metz, 1995), mas isso não implica que o produto de seu pensamento seja concreto. De fato, em muitos de seus trabalhos, Piaget menciona as abstrações resultantes do pensamento concreto (velocidade, tempo, necessidade, número, probabilidade).

Em segundo lugar, esses trabalhos apelam para uma interpretação mais exaustiva da teoria piagetiana, já que levam em consideração os últimos trabalhos desse autor. Piaget (1978), por exemplo, deu uma imagem mais versátil de criança pré-operacional e operacional concreta, em relação com a investigação científica, sobretudo quando demarcou as tarefas em termos de objetivos funcionais. As crianças de 7 e 8 anos não apenas buscam o êxito, mas tentam compreender o porquê do êxito do fenômeno. Conseqüentemente, aos 7-8 anos já podem, segundo Piaget, antecipar os resultados de novos experimentos, detectar o que não funciona e começar a captar relações no funcionamento dos aparelhos. Essas características, segundo Piaget, acerca das explorações causais, põem em jogo os processos de investigação já existentes na mente da criança.

Em terceiro lugar, esses trabalhos que questionam um currículo baseado nas restrições cognitivas apelam para numerosas investigações da psicologia cognitiva atual que mostram que as crianças não são tão ilógicas e que a lógica dos mais velhos não é tão perfeita (Martí, no prelo). Essas investigações, posteriores a Piaget, sustentam que o que limita o pensamento do menino e da menina não é tanto a ausência das operações mentais lógico-matemáticas, mas as limitações da capacidade de processar a informação, assim como a ausência de uma experiência específica relevante que tenha sido adquirida em um momento determinado. Portanto um conhecimento específico sobre um tema é um bom indicador de uma melhor forma de pensar, e uma tarefa ajustada à capacidade de processamento da criança dá uma radiografia muito mais positiva. É uma proposição errônea limitar as atividades da aula à familiarização com materiais e à sua transformação, argumentando que as crianças são pré-lógicas, isto é, que não podem classificar porque não dominam a inclusão de classes, nem podem realizar centrações e, além disso, deixam-se enganar pelas aparências.

Em quarto lugar, também a partir da psicologia cognitiva, apela-se para a capacidade da criança pré-escolar de pensar indutivamente. Gelman (2002) adverte para que não sejam subestimadas as capacidades cognitivas, conceituais e teóricas da criança pré-escolar. Essa autora proporciona alguns dados que mostram "que inclusive os pré-escolares utilizam conceitos para expandir seu conhecimento via inferências indutivas, que os conceitos das crianças são heterogêneos e que sofrem mudanças qualitativas durante seu desenvolvimento, e que os conceitos das crianças incorporam elementos não-perceptivos desde idade muito precoce. Os conceitos das crianças são, de fato, muito mais sofisticados dos que se assumiu tradicionalmente" (p. 57). Isto é, além de formar conceitos baseados em aspectos concretos ou perceptivos, os pré-escolares podem também raciocinar sobre conceitos não-óbvios e sutis, fazendo abstrações sobre propriedades conceituais dos objetos e extrapolá-las para novos objetos de maneira indutiva, e realizar, portanto, uma aprendizagem baseada em conceitos abstratos.

Finalmente, em quinto lugar, há outro grupo de trabalhos que questionam a infravalorização das capacidades da criança para a investigação científica. Levando-se em conta que um dos requisitos em todo processo de investigação científica é compreender que os dados são uma entidade distinta da teoria, isto é, diferenciar entre teoria e evidência para poder compreender que, mudando os dados, devem mudar as teorias (Kuhn, Garcia-Milà, Zohar e Andersen, 1995), é fundamental analisar essa capacidade em suas origens.[3] Entre os 3 e os 5 anos, as crianças adquirem a idéia de que os juízos não são mais que a expressão de sua crença (Olson e Astington, 1993) e, portanto, estão sujeitos a sua verificação e potencial refutação. Essa compreensão seria precursora de reconhecer a validade dos juízos a partir da validade dos dados, o que é fundamental para compreender a natureza da construção do conhecimento científico a partir de afirmações justificadas. Inclusive os pré-escolares têm uma certa consciência de que os juízos são refutáveis, já que, pondo uma armadilha pequena, poderemos averiguar se o rato é grande ou pequeno e, no caso de caçá-lo, refutar a teoria de que este é grande (Sodian, Zaitchik e Carey, 1991). Ainda falta muito a percorrer para essa consciência epistemológica se transformar em estatuto de consciência de hipótese que pode ser submetida a um experimento para ser confirmada ou refutada; entretanto esse estado incipiente já permite que os meninos e as meninas em idade pré-escolar possam ser estimulados nessa direção.

A partir da crítica anterior, cabe se perguntar que aspectos da ciência estão ao alcance dos pequenos? Tal como vimos, toda atividade científica requer elaborar conceitos, pôr em jogo os processos básicos, tais como observar, classificar, comunicar, tomar medidas e fazer estimativas. Requer também aplicar esses processos básicos à geração de inferências e predições. Além disso, requer fazer experimentos, ou seja, distinguir entre uma observação ou um dado e um conceito derivado dela; entender que as opiniões não são fatos, mas estados mentais e, portanto, que estão sujeitas à refutação. Os meninos e as meninas pequenos serão capazes de realizar essas exigências do conhecimento científico? Com esse panorama, qual é, então, a ciência que se pode propor às crianças menores? Os trabalhos revisados nos permitem concluir que uma interpretação menos reducionista da teoria de Piaget e os resultados posteriores sobre a capacidade das crianças pré-escolares de categorizar, classificar, inferir, investigar ou, inclusive, de formar conceitos abstratos levaram a reconsiderar o potencial para aprender ciências das crianças pré-escolares e nas primeiras etapas da escolarização. Portanto é conveniente propor atividades de ciências que vão além da simples manipulação de materiais, que impliquem a construção de conceitos abstratos, através da investigação. Entretanto, isso seria efetivo apenas quando essas atividades tivessem um objetivo aplicado e funcional, e fossem contextualizadas de modo compreensível para os meninos e as meninas. Isto é, que fizessem referência a perguntas para as quais o menino e a menina buscam respostas. Por isso, devemos implicar as crianças menores na investigação de fenômenos científicos reais em um marco no qual as estratégias estejam claramente especificadas.

RELAÇÃO ENTRE OS PROCESSOS COGNITIVOS IMPLICADOS NA CONSTRUÇÃO DA CIÊNCIA EM LEITURA E ESCRITA

Na seção anterior, descrevemos os processos cognitivos que se ativam quando os alunos participam de atividades científicas. *Pois bem, caberia perguntar-se: essas atividades científicas são feitas com objetos? ou são feitas com textos?* A dicotomia é falsa, dado que é impossível imaginar a geografia e a navegação sem mapas, cartas ou planos; a geometria, sem figuras; a física, sem fórmulas, matrizes e listas; e todas as ciências, sem textos explicativos. Entretanto, isso não significa que a atividade científica, como experiência prática, esteja ligada ao escrito. Existem práticas científicas em culturas não-letradas e, como mostrou Atran (1994), as crianças maias desde os 5 anos podem classificar mais de cem espécies botânicas sem apoio escrito. Porém trata-se de um conhecimento específico dessa cultura. A possibilidade de organizar, acumular e transmitir conhecimento científico está relacionada com o escrito. Dito de outra forma, os fatos, conceitos, princípios, teorias e processos, que descrevemos como conhecimento científico, são elaborados a partir de informação que está na realidade ou que está distribuída entre o que se observa e o que se lê em mapas, diagramas e textos? Evidentemente, o conhecimento está distribuído entre a realidade e os textos.

Nas Tabelas 9.1 e 9.2, estabelecemos uma relação entre os processos implicados na construção de conhecimento científico e os processos implicados na produção e interpretação de textos científicos. A Tabela 9.1 faz referência aos processos básicos da ciência, enquanto que a Tabela 9.2 se refere aos processos integrados, mencionados na seção anterior. O objetivo dessas duas tabelas é pôr em evidência que, ao mesmo tempo que são realizadas atividades em aula para desenvolver e praticar os processos implicados na constru-

TABELA 9.1 O uso dos textos nos processos básicos do conhecimento científico e o uso dos textos na alfabetização[4]

Ciência	Alfabetização
Observação: Detectar características e atributos do ambiente. A observação pode ser qualitativa (mediante a percepção) ou quantitativa (mediante instrumentos de medida).	Produzir e interpretar formas, imagens, matrizes, etc. Registrar estimativas e tomar medidas. Representar o observado (através de desenhos, esquemas, diagramas, etc.). Interpretar registros escritos de medida (por exemplo, altura e números, em um termômetro para detectar um estado febril). Interpretar ícones do ambiente (por exemplo, os símbolos nos produtos de limpeza ou os símbolos do jornal, na predição do tempo. Figura 9.1). Registrar e interpretar procedimentos.
Descrição: Comunicar os resultados da observação	Fazer listas de propriedades do observado (por exemplo, usando nomes e adjetivos, etc.). Reproduzir ícones observados no ambiente. Fazer listas e enumerar fatos, conceitos, idéias. Utilizar vocabulário apropriado. Utilizar sinônimos.
Categorizar: Etiquetar as descrições, em função das propriedades do ambiente: tamanho, forma, cor, etc.	Definir categorias. Selecionar adjetivos como etiquetas válidas para estabelecer categorias. Utilizar ícones como etiquetas (Figura 9.5). Aprender abreviaturas (Figura 9.2).
Classificar: Organizar as observações de forma significativa. Agrupar de acordo com as categorias. Considerar simultaneamente múltiplos atributos. Buscar regularidades. Formar conceitos mediante processos indutivos.	Elaborar matrizes comparando objetos e fenômenos (Figura 9.4). Elaborar definições. Elaborar mapas conceituais simples (Figura 9.6). Relacionar nomes com hiperônimos. Relacionar nomes com hipônimos. Descrever processos lineares (Figura 9.3).

ção de conhecimento científico, podem-se ativar, de maneira planejada e organizada, atividades que permitam desenvolver e praticar os processos implicados na alfabetização de textos científicos.

TABELA 9.2 Relação entre os processos integrados de ciências e alfabetização

Ciências	Alfabetização
Predizer: Fazer hipóteses sobre algo desconhecido, a partir dos dados. Distinguir entre teoria e dados.	Distinguir entre o literal e a interpretação, entre certeza e probabilidade. Adequar vocabulário para cada caso. Entender o conceito de predição (Figura 9.1).
Coletar dados: Observar de maneira estruturada, ordenada e controlada, para comprovar hipóteses.	Anotar os resultados. Organizar os resultados. Fazer registros. Utilizar planilhas. Interpretar instruções. Seqüenciar um processo. Elaborar instruções mediante um protocolo (Figura 9.3). Utilizar cadernos de laboratório ou diários. Utilizar calendários. Seqüenciar a informação mediante listas de procedimentos.
Interpretação dos dados: Identificar e estabelecer relações de causa-efeito. Distinguir entre teoria e dados. Comparar hipóteses e resultados. Generalizar. Analisar criticamente.	Resumir os resultados. Elaborar folhas de resumo. Fazer esquemas a partir de notas. Elaborar diagramas. Interpretar esquemas impressos (por exemplo, a infografia dos jornais).
Elaborar conclusões: Especular. Distinguir entre conceito, princípio e teoria. Compreender o conceito de confirmação e refutação. Elaborar princípios e teorias.	Identificar as idéias principais. Fazer-se perguntas: "O que aconteceria, se..." Identificar os conceitos implicados em um princípio e interpretá-los. Identificar os princípios implicados em uma teoria.
Comunicar resultados: Compartilhar Informação e discuti-la, tanto de forma oral como escrita.	Interpretar e utilizar gráficos. Organizar a informação de forma lógica para o leitor (por exemplo, com diagramas). Participar em debates. Elaborar informes (Figura 9.7).

CONTEXTOS DE ALFABETIZAÇÃO INICIAL **141**

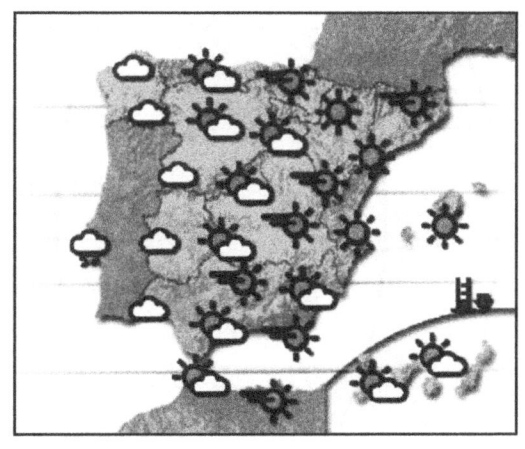

FIGURA 9.1 Ícones do jornal sobre a previsão do tempo.

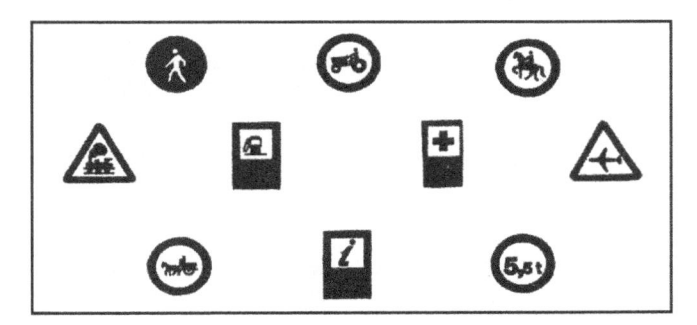

FIGURA 9.2 Ícones urbanos. Classificar segundo o grau de periculosidade.

FIGURA 9.3 Exemplo de procedimento (receita de cozinha).

Dar uma lista de materiais (desenhos) para acrescentar à Tabela:

	Qualitativo	Quantitativo
Água		
Livros		
Massa de modelar		
Pinturas		
Bolas		
Lápis		
Terra		

FIGURA 9.4 Tabela para diferenciar entre uma propriedade quantitativa e uma qualitativa.

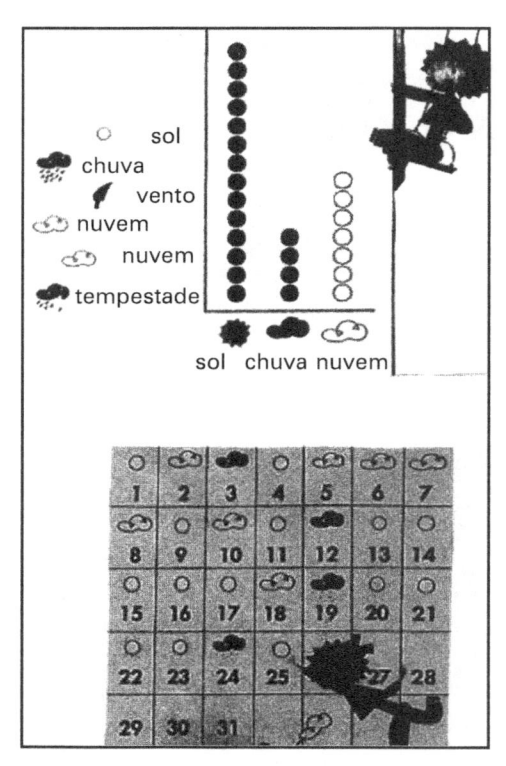

FIGURA 9.5 Exemplo de gráfico (ver Teberosky, A.; Garcia-Milà, M. (2002). *Per què plou. Materials didàctics La Clau*. Barcelona: Vicens Vives).

CONTEXTOS DE ALFABETIZAÇÃO INICIAL 143

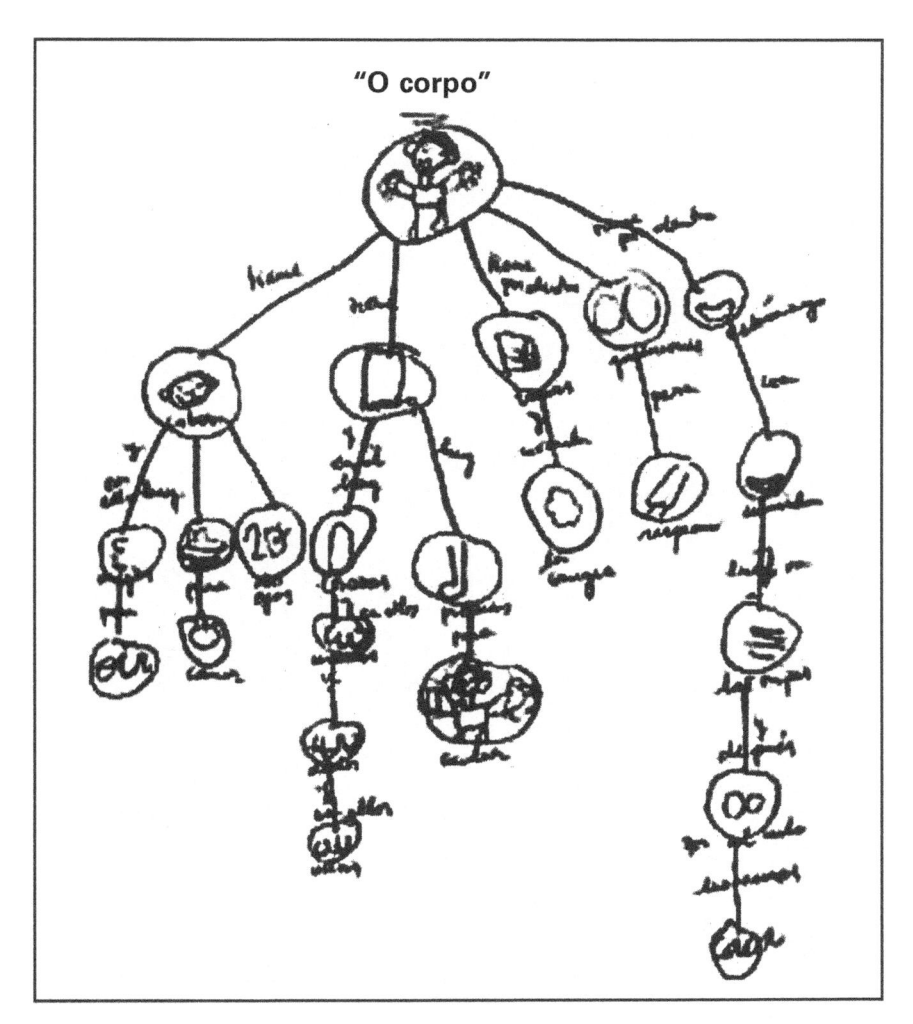

FIGURA 9.6 Exemplo de mapa conceitual (Merida, 2002).

NOME: _____ DATA: _____

TÍTULO DA ATIVIDADE

- PERGUNTA:
  _____
  _____

- PLANO:
  _____
  _____

- DO QUE VOU PRECISAR? (DESENHÁ-LO)

  [   ]

- O QUE FIZ FOI ISSO:
  _____
  _____

- DESENHAR O QUE ACONTECEU:

  [   ]

- EXPLICAR O QUE ACONTECEU:
  _____
  _____
  _____
  _____

FIGURA 9.7 Exemplo de informe científico (Bourne, B., 2000).

PROPOSTAS PARA O ENSINO DE CIÊNCIAS NA PRÉ-ESCOLA

Na última parte deste capítulo, e a modo de conclusão, propomos algumas idéias complementares ao construtivismo clássico aplicado à aprendizagem das ciências (Kamii e Devries, 1978; ou, mais recentemente, Chaillé e Britain, 1997; Benlloch, 1992). Nas seções precedentes, analisamos as distorções cognitivas mais comuns, apresentadas pelos projetos curriculares infantis, em relação à aprendizagem de ciências. Essas distorções surgem ao aplicar as teorias do desenvolvimento, especialmente a teoria piagetiana, ao projeto de atividades para realizar em aula. Por exemplo, a idéia de que a criança é um pensador concreto e, portanto, toda atividade em aula deve implicar manipulação (o chamado currículo *hands on*), a partir de uma interpretação menos simplista e de acordo com a teorias atuais, converte-se em um currículo *minds on* (Duckworth, 1987). Outra distorção se refere à idéia de que o contexto da aula deve oferecer oportunidades para as crianças, para que dirijam suas próprias atividades de maneira autônoma (a autonomia é valorizada como um dos objetivos prioritários, Kamii e Devries, 1978). Como conseqüência, as estratégias de investigação são exercitadas com a prática, mediante tarefas que não exigem da criança nenhuma abstração. Processo e produto são trabalhados em separado.

Também de forma distorcida, considera-se que a investigação científica deve ser deixada para o ensino médio. Antes da adolescência, a criança pode desenvolver e praticar os processos básicos da ciência – observar, classificar, categorizar, predizer –, mas não poderá projetar experimentos, nem planejar, revisar, nem refutar hipóteses, já que, para isso, se requer a capacidade de refletir sobre o que se sabe e sobre como se sabe. É preciso, sobretudo, explicitar tanto o conhecimento como o processo através do qual se chegou a esse conhecimento.

Nossa proposta para o ensino de ciências no pré-escolar e ensino fundamental parte de uma base construtivista renovada. O menino e a menina constroem conhecimento científico por meio de um processo dinâmico e interativo com o ambiente, tanto físico como social. Os meninos e as meninas pequenos devem permanecer ativos tanto física como mentalmente, continuamente implicados no processo de construir teorias. Para isso, é fundamental determinar o ponto de partida da mente da criança, as características de um entorno físico estimulante e as de um ambiente social dentro da aula que possa ativar a zona de desenvolvimento próximo, segundo a proposta clássica de Vygotsky (1978). Também devemos levar em conta que o processo de construção de teorias vai mudando com a idade, já que os meninos e as meninas vão entendendo os fenômenos de maneira diferente à medida que suas teorias vão adquirindo complexidade.

O ambiente de aprendizagem é considerado crucial nesse processo construtivo. O contexto deve estimular não apenas a autonomia, mas também a experimentação, a solução de problemas e a interação social, a flexibilidade no espaço, tempo e áreas curriculares. Essa proposta, talvez não muito nova para uma aula de pré-escolar (Benlloch, 1992), entretanto o é para as aulas de ensino fundamental. Tal como Chaille e Britain (1997) propõem, nas aulas de ensino fundamental, os materiais devem estar ao alcance dos meninos e meninas para poderem ser usados com liberdade, a fim de que favoreçam a interação entre eles e, de preferência, em pequenos grupos. Deve haver ruído e atividade constante, muita diversidade e pouca segmentação entre áreas curriculares. As atividades deveriam ser apresentadas como projetos que integrem várias disciplinas. Segundo Chaillé e Britain (1997), não se deveria apenas tolerar, mas também estimular a que as crianças discutissem, apresentassem suas descobertas e as submetessem à discussão, com o fim de promover os projetos de atividades mentais, para não se cair nas propostas clássicas de projetos curriculares de manipulação (Duckworth, 1987).

A partir desses conceitos construtivistas básicos, apresentamos duas propostas nas quais podem ser baseadas as atividades curriculares das crianças, quando aprendem ciências em pré-escolar e ensino fundamental. Um princípio subjacente às duas propostas é a necessidade de não reduzir as atividades à manipulação física, na qual as estratégias (processo) e o conhecimento (produto) avançam em separado. É necessário propor atividades que conectem a formação de conceitos com a experimentação guiada e construída. Somadas a esse princípio, as duas propostas fazem referência à interação mútua entre linguagem e pensamento, e à idéia de que um contexto oral e escrito lingüisticamente rico é favorecedor do pensamento. A interação entre linguagem e pensamento se baseia em trabalhos que ressaltam a importância de formar uma "comunidade de discurso", que promova a discussão e a argumentação científicas (Brown e Campione, 1995; Candela, 1997). O contexto oral e escrito lingüisticamente rico promove o desenvolvimento dos processos compartilhados pela ciência e pela alfabetização, mediante um entorno de textos científicos (textos escritos, mas também gráficos, tabelas, diagramas, mapas, diários de laboratório, etc.). Esse princípio está baseado nas propostas de Martin (1993), que defende que os textos científicos devem fazer parte da literatura das crianças, desde a pré-escola e o ensino fundamental. Sua postura é uma reação às propostas de introduzir a ciência escrita em um formato diluído, transformada em texto narrativo, expressivo, etc. Nas seções seguintes, analisamos tais propostas com maior profundidade.

Promover a criação de comunidades de discurso

A reflexão sobre as próprias estratégias e as próprias teorias é fundamental, e para isso é necessário explicitar ambos os tipos de conhecimento: processo e produto. É essencial que sejam criadas comunidades de discurso nas quais a discussão construtiva, a formulação de perguntas e o espírito crítico sejam um modelo de trabalho que fomente as atividades da linguagem que levam a distintos modos de pensamento científico, tais como as especulações, as conjeturas, as evidências e as comprovações. Devem-se criar, na aula, encontros, interação e diálogo. O discurso na aula constitui uma ferramenta para a regulação do raciocínio (Lemke, 1997; Candela, 1997, Brown e Campione, 1995); por exemplo, Brown e Campione (1995), e este é seu modelo de aprendizagem recíproca para promover o desenvolvimento do raciocínio científico nas crianças menores, além da aquisição de conhecimento específico. Nesse modelo, os meninos e as meninas trabalham em grupos, e cada grupo assume a responsabilidade pelas diferentes partes da investigação, e mostram seus resultados para o resto da classe. Ou seja, as investigações revisadas abrem muitas possibilidades para o trabalho com as crianças, em atividades de ciência centradas em objetivos concretos e aplicados, sempre que tenham uma boa construção, seja por um especialista ou pelas comunidades de discurso na aula.

Nessa nova perspectiva, é preciso que as crianças pequenas sejam estimuladas continuamente com perguntas dentro de sua zona de desenvolvimento proximal (ZDP). Perguntas sobre as quais a criança queira uma resposta, que a faça pensar e falar sobre suas experiências e descrevê-las aos demais. Elas necessitam ser estimuladas a fazer predições, a responder, a tomar posições em um debate, a formular suas próprias perguntas e a encontrar formas para registrar suas próprias observações, de modo que surjam novos padrões. Portanto é fundamental que os professores façam as perguntas corretas, perguntas que produzam mais perguntas. De acordo com Harlen (1985), uma boa pergunta é muito melhor que uma boa resposta. As perguntas hábeis são a chave para que as crianças pequenas adquiram as ferramentas básicas para desenvolver conceitos científicos. Perguntas que as façam pensar e falar de suas experiências e processos exploratórios, ao mesmo tempo que para descrevê-los aos demais. Precisam ser estimuladas para predizer o que ocorrerá e assim fazer observações mais cuidadosas e precisas. Voltar a olhar o que observam, para que se possam fazer novas perguntas e encontrar maneiras de registrar suas observações, de modo que possam encontrar padrões na natureza.

No Quadro 9.1, propomos uma lista de perguntas adaptada de Barclay, Benelli e Schoon (1999, p. 147). Essas perguntas podem fazer parte dos murais da aula, de modo que estejam muito presentes no ambiente tanto da criança como do professor. Outra estratégia para enfatizar a formulação de perguntas é a introdução de um espaço "dos problemas", ou uma atividade que demande a pergunta da semana, aquela que melhor conecte reflexão com ação na aula.

Ler e escrever ciências

Finalmente, estreitamente ligada à seção anterior, a segunda proposta é a que defende a necessidade de um contexto rico em textos científicos escritos

QUADRO 9.1 Perguntas e comentários para promover a discussão

> *O que acreditas que aconteceria, se...?*
> *Eu também não sei, vejamos se podemos descobrir.*
> *Isso parece interessante. O que estás tentando conseguir?*
> *O que poderias fazer, para fazer com que.... ocorra?*
> *O que misturaste? E o que aconteceu? E por que acreditas que aconteceu isso?*
> *Está igual hoje e ontem? Em que mudou?*
> *O que fizeste primeiro? O que fizeste depois? Quando ocorreu?*
> *Em que se parecem.... e em que diferem?*
> *Que cheiro/tato/som/sabor/aspecto tem?*
> *O que poderias mudar para fazer com que..... aconteça?*
> *Faz um desenho do que vês. Em que se diferencia do desenho de...?*
> *Como sabes que a causa de que isso tenha ocorrido é ....?*
> *Se mudarmos isso (causa), continuará ocorrendo?*
> *Como soubeste (por exemplo, que o carro vermelho é mais rápido que o azul; ou, por exemplo, que o cubo de areia pesa mais que o cubo d'água?)*
> *Se tu, João, acreditas que é X, e tu, Luís, acreditas que é Y, quem é que tem razão?*
> *E os demais, quem vocês pensam que tem razão? O que podemos fazer, para ver quem tem razão?*

e em leitores desses textos que sirvam de modelo para interpretar e criar outros novos. Vimos que muitos dos processos implicados em "fazer ciência" são compartilhados por processos implicados na leitura e na escrita. Das Tabelas 9.1 e 9.2, podemos concluir que, quando se aprende ciências, aprende-se a ler e escrever. Esse tema formulou uma questão didática: o acesso à escrita científica deve ser feito através de pontes, com a escrita narrativa ou com a escrita espontânea ("fazer ciência com tuas próprias palavras")? Ou então, deve-se aceder a ela através de formatos formais (ou científicos) de representação (incluídos tabelas, gráficos, informes científicos, etc.)? Martin (1993) defende essa segunda opção e se baseia no papel semiótico da linguagem escrita na ciência, papel que os autores citados na seção anterior defendem também para a linguagem oral (Lemke, 1997).

O papel da linguagem escrita no conhecimento científico é fundamental. Nas últimas etapas do ensino fundamental, os livros são importantes, já que são o modelo principal da linguagem científica escrita. Podemos dizer o mesmo para a pré-escola e as primeiras séries do ensino fundamental? Os livros devem estar presentes no ambiente da criança, tanto com o formato de texto como com diagramas, tabelas, quadros sinópticos, ícones, etc. (Martin, 1993).

Deve-se facilitar o acesso dos alunos e alunas ao gênero expositivo, próprio dos textos científicos, desde a pré-escola (Rothery, 1986, citado em Martin, 1993). Martin propõe que a produção e a interpretação de diferentes tipos de textos permite aos meninos e meninas compreender como os cientistas vêem o mundo. De acordo com esse autor, os programas de ciências pré-escolar podem proporcionar às crianças a perspectiva do mundo científico, a representação de classificações ou de processos. Deve-se disponibilizar, para elas, o recurso para produzir formas escritas, à maneira dos registros científicos, como etiquetas, listas, quadros, diagramas, tabelas, gráficos, inclusive formas rudimentares de informes escritos (Britsh, 2001). Por meio dessas formas, elas podem realizar classificações, escrever argumentos e descrições, embora rudimentares, que as ajudem a estabelecer conexões entre a experiência mais imediata e seus conhecimentos prévios, ao mesmo tempo que a fazer predições. Esses autores sustentam que inclusive as crianças menores podem estabelecer relações entre os desenhos e a escrita com o ambiente do qual fazem parte, especialmente se esse meio estimula a interpretação e a criação de produções "científicas". Alguns exemplos de formatos de textos científicos podem ser vistos nas figuras que acompanham as Tabelas 9.1 e 9.2.

Nessa mesma linha, Harlen (1985) propõe estimular as crianças a realizar registros criativos, a manter um caderno privado sobre coisas que as intriguem, observações divertidas e idéias vagas, embora inicialmente seja desalinhado e pouco disciplinado. Deve-se convidar regularmente as crianças a trazerem idéias procedentes dessa fonte, que poderiam ser registradas em um arquivo de investigações da classe, um banco de projetos que os professores atentos podem incluir em seu programa de atividades.[5] Os grupos poderiam apresentar informes de progresso ao conjunto da classe, seguindo um sistema rotatório. Em consulta com o professor, os projetos deveriam poder ser modificados ou inclusive abandonados, à medida que avança o trabalho neles. Um papel essencial dos professores, nessa etapa, seria estimular a reflexão dos aprendizes no processo de investigação, mediante a produção de registros escritos para melhorar sua capacidade de supervisionar e avaliar suas estratégias à luz dos acontecimentos.

Um grupo de Toulouse que participa no projeto "La main à la pâte" (aiO9.sciences@ac-toulouse.fr) propõe atividades de produção de textos escritos que vão sendo compreendidos a partir das relações entre perguntas e respostas. Uma adaptação dessa proposta pode ser observada no Quadro 9.2. Nessa proposta, observa-se uma combinação entre a escrita e o diálogo (tanto oral como escrito), que surge da integração entre a atividade conjunta e a atividade individual em aula.

QUADRO 9.2 Atividades de escrita no caderno de laboratório

Notas pessoais	Notas coletivas
Título da atividade (em forma de pergunta).	*Título da atividade* (em forma de pergunta)
As perguntas que me faço O que quero saber? Por quê?	As perguntas da classe, obtidas do repertório aprendido depois de uma aula de síntese coletiva serão anotadas no caderno e/ou no quadro.
O que eu penso O que me parece...? O que penso sobre...?	*O que pensamos* As hipóteses da classe (postuladas pelo professor) serão anotadas no caderno e/ou no quadro.
As experiências que penso realizar O que posso fazer, para averiguar?	
O que espero descobrir O que aconteceria se...?	
O que observo Das experiências que realizei, o que observei? O que vejo?	*O que observamos* As experiências pertinentes recolhidas pela classe (desenhos, esquemas, fotos).
O que penso Por que aconteceu? Minhas explicações em forma de resposta ao título da atividade.	*O que pensamos* Recolhem-se as explicações que resultam da discussão. O professor pode utilizar documentos de referência ilustrativos do resultado.
O que aprendi depois de fazer a investigação Como o explicaria para outra pessoa? O que responderia a outra pessoa que me dissesse que estou equivocado? (desenhos, esquemas, textos que cumpram o critério de comunicação para outra pessoa).	*Conclusões* O que concluímos

COMENTÁRIOS FINAIS

Tal como comentávamos, no princípio deste capítulo, no âmbito do ensino de ciências assumiu-se que o pensamento das crianças na fase pré-operacional apresenta importantes restrições cognitivas para aprender ciências. Entretanto deve-se levar em conta que, nessas idades, as crianças estão constantemente expandindo sua capacidade para simbolizar a experiência, experimentando todos os recursos a seu alcance para expressar os resultados de seu raciocínio lógico, baseadas no que lhes é familiar. Isso inclui a linguagem, o brinquedo, o desenho, assim como escutar a leitura de textos científicos ou produzir um texto escrito. O uso de tais recursos abre o portal da alfabetização científica aos pré-escolares (Britsch, 2001).

Neste capítulo, apresentamos os alicerces da alfabetização científica, a qual, por outro lado, deve ser proposta como algo que dura toda a vida. Em nenhum momento falamos de formar cientistas, mas de proporcionar às crianças, desde idades bem precoces, as bases do conhecimento que faz parte do debate público de nossa sociedade. É nesse sentido que Bybee define a alfabetização científica como: "o domínio dos processos necessários para interpretar culturalmente informação significativa" (p. 3). No âmbito da ciência, a alfabetização científica consiste em uma metáfora efetiva (ou, inclusive, um "slogan publicitário", diz o próprio Bybee) para definir objetivos curriculares que devem chegar a toda a população, objetivos que devem ser apropriados, do ponto de vista evolutivo, e que devem ser desenvolvidos desde a etapa infantil até o final do ensino médio. Esses objetivos devem incluir vocabulário, conceitos, processos, incluindo tanto história da ciência como conexões com a sociedade atual.[6] Uma idéia já comentada, neste capítulo, é que, apesar de a ciência ser uma abstração do mundo adulto, as crianças dispõem de muitas oportunidades para experimentar essa abstração em suas contínuas tentativas de dar sentido ao mundo que as rodeia e prepararem-se para criar novas abstrações. O mundo não está parcelado em relação a ciências, matemática, tecnologia ou leitura e escrita, nem dentro das mesmas disciplinas em conceitos e processos. Nessa mesma linha, o presente capítulo pretendeu dar uma visão da ciência veiculada pela linguagem, tanto oral como escrita, tanto de produção como de interpretação de textos. A ciência deve ser considerada uma "empresa social" e, como tal, é construída por meio do trabalho compartilhado e da comunicação, ou seja, da linguagem. No desenvolvimento do conhecimento científico, desempenham um papel muito importante a fala, a leitura e a escrita. Por isso, é importante o projeto de contextos de aprendizagem nos quais a fala e os textos impressos sejam um elemento essencial, e, então, as atividades científicas serão beneficiadas.

NOTAS

1. No âmbito do ensino das ciências, essas atividades são denominadas: "atividades discrepantes". Existem muitos livros de consulta para projetá-las, especialmente para os cursos de ensino fundamental. Ver A. E. Friedl (2000). *Enseñar ciencias para los niños*. Barcelona: Gedisa, para uma coleção de atividades para os primeiras séries do ensino fundamental.
2. Existem muitas propostas curriculares desse tipo. Algumas das mais conhecidas são Kamii e Devries (1978), para a pré-escola, ou Karplus (1979), ver Kuhn (1979).

3. Nesse sentido, essa capacidade é a que também se atribui às crianças quando realizam valorações sobre a conduta dos outros seres humanos. Trata-se de uma capacidade mental, de ter uma teoria da mente sobre o outro, e que se explica mediante a compreensão de que os juízos são crenças, não realidades. As origens do raciocínio científico poderiam se relacionar, portanto, com o desenvolvimento da teoria da mente (Olson e Astington, 1993).
4. Essa tabela é baseada nos trabalhos de Martin, Sexton, Wagner e Gerlovich (1998), e de Padilla, Muth e Lund Padilla (1991).
5. Os trabalhos das escolas de Regio Emilia (1995) são uma fonte de exemplos a esse respeito.
6. A idéia de alfabetização científica é o princípio subjacente ao projeto *Science for All Americans – Project 2061* (Rutherford e Ahlgren, 1990). Desse projeto surge um fórum de discussão sobre a educação das crianças menores (*Forum on Early Childhood Science, Mathematics and Technology Education*, 1998).

ALFABETIZAÇÃO E TECNOLOGIA DA INFORMAÇÃO E DA COMUNICAÇÃO (TIC)

10

Ana Teberosky

INTRODUÇÃO

Tanto os agentes educativos que estimulam o uso da tecnologia nas classes quanto os especialistas que planejam o currículo costumam tratá-la como uma área diferente da alfabetização. Considera-se "tecnologia" como tecnologia eletrônica e "alfabetização" como uma área sem técnica nem suporte material. Entretanto, quando se analisa a natureza e o uso da atual tecnologia eletrônica e se estuda a alfabetização em sua dimensão histórica, de imediato chega-se a duas conclusões: a primeira, que a escrita é uma tecnologia que se manifesta através de diferentes instrumentos técnicos; a segunda, que a tecnologia eletrônica requer capacidades cada vez maiores de leitura e escrita. Do ponto de vista da alfabetização, não se deveria ensinar sem levar em conta as condições materiais de sua realização; do ponto de vista da aplicação educativa das tecnologias da informação e da comunicação (TICs), não se deveria encarar apenas como uma questão técnica, fora dos requisitos cognitivos que permitem seu uso.

A escrita sempre foi algo material: lê-se e se escreve um texto material, que pode ser um manuscrito, um livro impresso ou um documento eletrônico. Os historiadores da leitura (Chartier, 2000; Cavalho e Chartier, 1999) explicam que o leitor/escritor constrói sentido graças à interação que estabelece com o texto e sua materialidade. Ao longo da história, os suportes materiais do texto e os instrumentos de produção foram mudando: com a mão, com a imprensa, com a eletrônica. Ao mesmo tempo, também foram mudando as funções do texto, o conhecimento implicado e as atividades requeridas nessa interação. Essas mudanças são tão importantes, que muitos autores se perguntam se duas formas de apresentação requerem modos diferentes de representação; por exemplo, se a leitura sobre a tela, na apresentação de multimídia (com texto, som, animação) é de um tipo diferente da leitura linear sobre o papel, ou, então, se duas formas de apresentação de um texto são ou não o "mesmo" texto. Para nos remontarmos à história, por exemplo, se os silogismos de Aristóteles, apresentados por seu autor de forma linear, são os mesmos silogismos que, desde a Idade Média até a atualidade, reconhecemos em seu formato vertical que separa premissas e conclusão (Ferreiro, 2001b).

As relações entre as atividades intelectuais de leitura e escrita, o texto e sua materialidade, não se dão em uma só direção, dão-se em uma relação recíproca, isto é, uma mudança material produz efeitos intelectuais, que, por sua vez, produzem novos resultados materiais. Portanto a mudança tecnológica e a intelectual não são novas na história. Entretanto todos têm a impressão de que algo novo se fez presente com a tecnologia da informação e da comunicação, com a internet e os hipertextos. O novo aparece tanto na rapidez com que se sucedem as mudanças como nas facilidades que oferecem e, sobretudo, na ruptura dos limites geográficos do espaço de documentação. A biblioteca do Congresso, situada em Washington, está ao alcance de todos nós em nosso próprio domicílio. Evidentemente essas mudanças exigem o domínio de novas habilidades para seu uso e a adequação de nossa representação mental para aplicar essas tecnologias mutáveis.

Entretanto uma simples observação nas aulas mostra que ainda são muito poucas as que utilizam os recursos eletrônicos disponíveis, apesar da publicidade das empresas e da insistência dos agentes educacionais sobre as vantagens das novas tecnologias. As razões devem ser, sem dúvida, econômicas (falta de provisão de aparelhos), mas talvez se deva pensar que a rapidez das mudanças não dá tempo aos educadores para preparar-se tecnicamente, nem para demonstrar suas possibilidades instrucionais. E também devemos nos perguntar se a disponibilidade e a facilidade que oferecem as TICs é adaptável às condições educacionais exigidas pela instrução escolar.

Neste capítulo, queremos contribuir para a proposição dessas questões e imaginar possíveis novos contextos de alfabetização inicial, nos quais se incorporem os computadores e seus recursos de comunicação e informação. Em primeiro lugar, apresentaremos o marco teórico das relações entre alfabetização e tecnologia eletrônica, depois analisaremos as mudanças que a eletrônica produziu sobre os materiais, o texto e as atividades de ler e escrever, e posteriormente proporemos a questão instrucional em relação a resultados e propostas de uso no âmbito escolar, em educação infantil e ensino fundamental, para acabar com uma especulação sobre o futuro.

RELAÇÕES ENTRE AS TICs, A LEITURA E A ESCRITA

As relações entre as TICs, a leitura e a escrita foram enfocadas a partir de diferentes posições. Uma posição radical sustenta que a tecnologia transforma a leitura e a escrita (Reiking, 1998). Segundo essa perspectiva, há diversos tipos de leitura, de modo que aquela que se realiza com a tecnologia eletrônica é de natureza diferente da que se realiza com papel. Uma posição oposta defende que a tecnologia não muda qualitativamente o uso da escrita como suporte do pensamento, que muitos dos aspectos que a tecnologia amplifica são aspectos mecânicos (por exemplo, a correção ortográfica, a formatação, a facilidade de copiar, etc.), mas que não mobiliza as habilidades de alto nível, tais como revisar, avaliar dificuldades, criar conhecimento genérico, etc. Os radicais reclamam que o processador de texto, por exemplo, melhora a revisão; os pessimistas recordam as investigações de Cochran-Smith (1991) mostrando que os estudantes que utilizam o processador de texto fazem revisões superficiais, mas não melhoram a qualidade dos textos. Autores como Klein e Olson (2001) sustentam que a tecnologia opera por ampliação dos traços da escrita e do texto, que intensifica as funções do texto, tornando-as mais rápidas, densas, ordenadas e convenientes, mas que não cria novas funções.

Em uma posição intermediária de transação, encontram-se os que defendem uma relação recíproca entre alfabetização e tecnologia. De acordo com essa posição, a tecnologia transforma a alfabetização e vice-versa (Leu, 2000). Essa posição é defendida a partir dos estudos que analisam os aspectos cognitivos: embora nem o papel, nem a eletrônica simplifiquem as dificuldades cognitivas comportadas pela aprendizagem da leitura e da escrita, os novos recursos tecnológicos podem dar lugar a novos processos cognitivos que nem a escrita manuscrita, nem a leitura sobre papel haviam permitido (Ferreiro, 2001a). Os novos recursos tecnológicos, por si sós, não criam conhecimentos, mas permitem o desenvolvimento de outros novos. Para analisar como as TICs afetam a escrita, e qual seria seu possível uso na alfabetização inicial, vamos tentar analisar essas relações recíprocas.

COMO AS TICs AFETAM A LEITURA E A ESCRITA

É inegável que a tecnologia da informação trouxe mudanças consideráveis na leitura e na escrita, mudanças que exigem capacidades de uso muito mais flexíveis. As mudanças introduzidas pela tecnologia eletrônica afetam não apenas o suporte e os instrumentos, mas também o texto, as atividades de ler e escrever, as relações entre essas atividades e os processos de aprendizagem implicados. Vamos apresentar alguns exemplos dessas mudanças, para que nos sirvam de marco da proposta de possíveis contextos de uso das TICs no processo de alfabetização.

Mudanças na forma gráfica das mensagens escritas

Assim como as condições de lugar, tempo e contexto influem sobre as mensagens orais, as condições de espaço, tempo e contexto influem sobre as mensagens escritas. Um exemplo muito claro se dá no uso do telefone celular, não para falar, mas para escrever. Sabemos que uma das características que mais se sobressaem das novas tecnologias é a possibilidade de interagirem umas com as outras, de influenciarem-se mutuamente e de darem lugar a novos contextos de uso. Observamos esses intercâmbios no telefone celular, que já não é apenas um meio de transmitir mensagens orais, mas também escritas. As mensagens escritas que o uso do celular permitiu são condicionadas pelo espaço da pequena tela e pelo custo das chamadas. Essas condições influenciaram as práticas de escrita nas mensagens curtas. Ocorre algo semelhante entre os internautas. A condição de ser breve e rápido deu lugar a uma série de recursos gráficos e procedimentos de abreviaturas difíceis de ler, para um não-iniciado. Esses procedimentos são muito variados: utilização de letras ou símbolos como ideogramas (por exemplo, menin@), de iniciais com valor de palavra completa (por exemplo, pq para "porque"), de letras com valor silábico (por exemplo, BCN), de símbolos com valor de ícones (por exemplo, os emoticons), etc. Tal como o mostra Béguelin (2002), essas produções são muito criativas e constituem uma resposta nova às condições utilitárias e aos objetivos pragmáticos da comunicação eletrônica.

Ler na tela, ler no papel

Alguns autores sustentam que os recursos e a organização do espaço gráfico do texto influem sobre a leitura. Por exemplo, o texto sobre papel, disposto em linhas, parágrafos, colunas e páginas, dá lugar a um tipo de leitura que pode ser realizada de forma silenciosa, ou que pode ser lida em voz alta e que é linear, começando no princípio e chegando até o final. Outras formas de distribuição gráfica, como uma tabela com disposições em linhas e colunas, não permitem uma oralização e não são lineares, mas devem ser lidas selecionando-se os eixos e as células para encontrar-se a interseção. Entre ambos os extremos estão as listas, os dicionários, os manuais, as instruções (Waller, 1998). Também aí está a tecnologia eletrônica com seus programas de multimídia e hipertexto.

A questão de saber se os suportes tela e papel, ou as formas de disposição gráfica e tipográfica, dão lugar a tipos diferentes de leitura ou apenas a procedimentos diferentes de um mesmo tipo é uma questão teórica e de investigação ainda não resolvida. O que parece evidente é que se distribui claramente entre as gerações. Por exemplo, os leitores jovens são capazes de uma leitura muito rápida na tela, que seleciona informação apenas a partir de alguns poucos índices gráficos, inclusive sem ler de forma exaustiva. Em troca, entre os leitores mais velhos há um sentimento de que ler no papel é mais confortável do que ler na tela. Mas ainda não sabemos se a distribuição é apenas geracional, e de práticas, ou se se trata de dois tipos de leitura diferentes. Os estudiosos sustentam que a tela ainda tem uma má resolução para a leitura completa de textos longos; que lemos 25% mais lentamente no computador do que no papel impresso quando se trata de textos longos. Ambos os fatores, a resolução da tela e o comprimento dos textos, fazem pensar que, no momento, os livros eletrônicos têm problemas (Nielsen, 1998). Por outro lado, os textos computadorizados utilizam recursos de interação e de vínculos, como por exemplo no hipertexto, na Internet, na busca e nas conexões de serviços *online*, continuamente atualizados e mutáveis (Nielsen, 1998). Esse tipo de texto é mais útil para a busca de informação do que para a leitura pausada e exaustiva.

De uma modalidade aos multimídia

Uma aplicação recente das TICs são os recursos de multimídia que integram ativamente meios visuais, animação, som e textos. Um exemplo são os livros falantes destinados aos leitores mais jovens. Esses textos com som foram projetados para melhorar a compreensão e reduzir as dificuldades de decodificação dos leitores principiantes. Outro tipo de recurso multimídia é o "texto com resposta", que apresenta ajuda para a aprendizagem.

Os diferentes modos de representação, visual e gráfica, foram objeto de estudo porque comportam aspectos dinâmicos, interativos e visuais – e não apenas textuais. Transmitem de forma conjunta texto, som e imagens, e são diferentes das enciclopédias ou dos livros, que transmitem um recurso acompanhado de outro recurso simbólico (texto e imagens). Pois bem, novamente não sabemos se requerem um tipo de leitura diferente do habitual, sobre o papel. Como sustentam Chartier (2000) e Simone (2001), será necessário estudar de forma empírica qual é o trabalho cognitivo que é exigido pelos textos multimídia. Assim, estudar como as crianças integram os modos visual, textual e verbal de significação, como se apresenta a informação (por exemplo, se é comunicado o mesmo por meios diferentes ou se representam formas simbólicas diversas) e analisar as relações entre essas formas de representação. É claro que a valorização do material multimídia dependerá das respostas que se encontrem para essas questões.

Embora ainda falte investigação para entender como esse suporte multimídia ajuda os leitores, os resultados parecem promissores para os menores, porque, para ser usuário, não é necessária uma capacidade muito acabada de leitura. Por outro lado, a animação parece ajudar a recordação da história, mais do que as imagens estáticas dos livros (Miller et al., 1994; Reitsma, 1988; Wise e Olson, 1994).

O processador de texto e a escrita

Muitos autores sustentam que o uso do processador de texto é algo assim como a quintessência do processo de composição de textos (Kamil, Intrator e

Kim, 2000). O processador pode substituir simplesmente o lápis e o papel, pode aumentar as capacidade do escritor ou pode dar lugar a outras novas. Além da simples substituição, em que sentido o processador facilita e aumenta a atividade do aluno? Em que sentido pode dar lugar a capacidades novas? Evidentemente, a tecnologia não evita as dificuldades cognitivas relativas ao conteúdo a ser escrito, nem os aspectos lingüísticos da composição podem ser facilitados pelo processador; em troca, outros procedimentos próprios de produzir um texto são facilitados (Ferreiro, 2001a).

Que aspectos procedimentais são facilitados pelo processador de textos? Para começar, a questão caligráfica de produção manuscrita é facilitada com o processador. Também se facilita a correção ortográfica com os corretores automáticos. Por outro lado, a possibilidade de ganhar em consciência textual se demonstrou notável, com respeito às produções manuscritas, com a inserção de títulos, subtítulos, diferentes tipografias e recursos de formatação e de paginação. Além da produção centrada no conteúdo, o processador permitiu maiores possibilidades de centrar-se nos aspectos gráficos e de apresentação do texto. Além disso, os processos de revisão, edição e publicação são enormemente facilitados pelo processador de texto, o que aumenta tanto a qualidade como a extensão dos textos (Kamil et al., 1998).

As novas possibilidades às quais dá lugar se relacionam com os aspectos retóricos do texto (Ferreiro, 2001b). Esses aspectos não são superficiais nem apenas estéticos, são também organizadores mentais do texto. Por exemplo, os recursos de pontuação, de tipografia, de tamanho e fonte de letras, e de disposição no espaço em termos de linhas e interrupção (interrupção da linha, que dá lugar a novas linhas, colunas e parágrafos) permitem organizar os espaços textuais internos do texto (discurso e narração, por exemplo) e permitem diferenciar entre os gêneros (contos, notícias, poesia, instruções). Tudo isso traz consigo a possibilidade de uma análise do texto impensável em uma escrita manuscrita (Ferreiro, 2001b). Como com os telefones celulares, na redação de textos o meio não é a mensagem, mas permite uma exploração criativa de mensagens novas.

Hipertexto, escrita e leitura

O hipertexto é um sistema de base de dados armazenados, à disposição do usuário, com diferentes formatos e seqüências para aceder à informação. Com o hipertexto, o processo de composição de textos pode mudar, e de fato mudou, graças à facilidade que oferece de inclusão, cópia, plágio, crítica, revisão, edição e publicação. A facilidade de produzir um novo texto se dá pelo simples ato de "baixar e arrastar" da rede. Como sustenta Kilfeather (1998), essa nova forma de produção não é nem plágio, nem referência, é algo mais: é o convite à intertextualidade.

Algo semelhante ocorre com a leitura do hipertexto. Kilfeather (1998) chama de "informante eletrônico" o trabalho que, através da rede, o hipertexto pode oferecer ao leitor. Um estudioso otimista, como Kilfeather, sustenta que as TICs oferecem não apenas um apoio técnico para a leitura, mas também realizam parte do trabalho do leitor. Segundo esse autor, elas informam por meio da criação de duas novas categorias: a categoria de buscador de índices e a categoria de buscador de textos, que cumprem funções antes realizadas pelos leitores. O buscador é um grande índice de locais e de páginas compilados e rotulados, como ocorre com *Google, Yahoo* ou *Lycos*. As palavras-chave rotulam os textos para sua classificação, facilitando a busca. Este é um trabalho humano que foi compilado na máquina. Porém, a máquina usa os algoritmos lingüísticos das palavras-chave para agrupá-las, e assim facilitar a busca de textos. Esse agrupamento constitui uma rede associativa que ajuda a tarefa do leitor no processo de pré-classificação dos textos (Kilfeather, 1998). Os conjuntos de palavras-chave constituem um novo texto.

Esses informantes eletrônicos tendem a mudar a natureza do texto e afetar o procedimento de leitura. Com efeito, a informação ordenada em palavras-chave, pelo informante eletrônico, proporciona uma entrada adicional ao texto. O leitor pode entrar em qualquer ponto do texto através dessa nova rota. Desse modo, os *links* do hipertexto produzem significado de uma maneira diferente da estrutura linear do texto impresso sobre papel. A responsabilidade de organizar de forma coerente esse significado é compartilhada entre o escritor e o leitor. No hipertexto, a coerência é em parte responsabilidade de um autor (embora este não exista como pessoa física), mas é mais responsabilidade do leitor. Em essência, isso sugere que o ato de leitura de um hipertexto é também um ato de produção de um novo texto, ou seja, que o leitor se transformou em escritor (Kilfeather, 1998).

É claro que o que se facilita, por um lado, torna-se mais complexo, por outro, e que a definição das atividades de ler e escrever foi afetada.

Mudanças na definição de leitura e escrita

No contexto atual, é difícil definir a leitura e a escrita sem levar em conta os usos da tecnologia eletrônica. Por exemplo, Cunningham (2000) sustenta que se deveria estender o conceito de alfabetização para incluir não apenas leitura e escrita, mas também a escuta de literatura, tal como tornam atualmente possível os livros falantes ou o CD-ROM. Não se trata de escutar uma conversa cotidiana, mas da aprendizagem a partir de escutar textos. Por outro lado, tampouco se pode reduzir a alfabetização à aprendizagem de atividades baseadas na leitura e na escrita escolares. As práticas sociais aumentaram as exigências a partir do uso de Internet, que se tornou o exemplo onipresente de leitura e escrita contextualizadas nas TICs. As exigências de atuações letradas foram ampliadas com as habilidades de buscar e compilar informação da Internet. Além disso, graças à informática, também foram ampliadas as possibilidades de publicação.

Many (2000) recorda que as definições de alfabetização foram mudando ao longo da história da sociedade. Inicialmente, a ênfase maior foi posta na leitura mais do que na escrita. Esse autor recorda que, até 1800, a alfabetização se reduzia a reconhecer e pronunciar em voz alta palavras escritas; até 1920, esperava-se que os estudantes soubessem ler em silêncio passagens de textos e responder a questões de compreensão. Mais tarde, esperava-se alguma inferência a partir do texto e atualmente se fala de atribuir significado ao mundo a partir de uma grande quantidade de textos virtuais conectados e com diversas formas simbólicas. Ou seja, a tecnologia pode influenciar a maneira com que se define a leitura e a escrita.

O USO DAS TICs NO ENSINO

O uso profissional das TICs não implica, necessariamente, uma mudança no nível instrucional. Entretanto, é evidente que podem ser esperados efeitos na aprendizagem escolar. Muitos estudos proporcionam resultados sobre o uso das TICs com fins instrucionais. Mas esses estudos são, em geral, muito cautelosos na hora de generalizar esses resultados; entre outros motivos, porque é difícil separar os efeitos devidos ao uso da tecnologia dos efeitos devidos às estratégias instrucionais e às funções atribuídas à tecnologia eletrônica. Por outro lado, a maioria das investigações avaliam o impacto no uso fora do contexto escolar, já que, graças aos computadores pessoais, a tecnologia eletrônica é mais freqüente em certos lares de classe média do que nas escolas (Leu, 2000). Apesar de as tecnologias estarem cada vez mais disponíveis, elas não parecem sistematicamente integradas no currículo, nem ser apropriadas para todo tipo de ensino (Miller e Olson, 1994).

Por outro lado, apesar das mudanças que as TICs produziram na leitura e na escrita, o trabalho cognitivo de obter significação de um texto não pode ser tão fácil, nem mudar tão rapidamente como a tecnologia. Além disso, as tarefas implicadas no uso das TICs não são todas iguais. Umas são muito abertas e requerem experiência, como as de navegar e buscar informação na Internet; outras são muito específicas e requerem muita programação por parte do professor (Leu, 2000). De qualquer modo, embora seja necessário integrar a tecnologia da informação no currículo (e não apenas ter uma sala de computadores, com suas horas de treinamento separadas das outras atividades curriculares), o mero fato de ser usuário tem efeitos sobre a aprendizagem da leitura e da escrita. Vejamos alguns dos resultados mencionados.

Tipo de tarefas

Como comentamos, nem todas as tarefas com as novas tecnologias são semelhantes. Algumas demandam encontrar uma peça específica de informação, outras são mais complexas e requerem recursos múltiplos e organizados. As tarefas são analisadas em termos de oposições do tipo abertas ou fechadas, ou de busca e de navegação. As tarefas fechadas e de busca implicam objetivos mais específicos; as de navegar e abertas requerem que os usuários busquem, avaliem e integrem informação de muitas fontes (Guthrie e Dreher, 1990). Além do tipo de tarefa, as diferenças individuais com respeito ao conhecimento e experiências prévias parecem ser determinantes, tanto com multimídia como com o hipertexto (Leu, 2000).

As funções de assistência do computador

Dois tipos de população parecem beneficiar-se com a assistência: os alunos de progresso rápido, que necessitam de uma estimulação independente, dado que, ao seguir o ritmo da classe, teriam de "aprender" coisas que já dominam, e os alunos com necessidades especiais. Um programa que dispõe de instruções faladas, com *feedback* corretivo e de tarefas bem estruturadas pode ser útil para esse tipo de alunos.

Van Daal e Reitsma (2000) mostram que um programa projetado para ajudar na aprendizagem inicial, usando desenhos e voz digitalizada, pode introduzir a criança no princípio alfabético (de correspondência entre letras e sons) e ajudar na relação entre palavras escritas e sua pronúncia. Com efeito, um grupo de crianças de pré-escolar mostrou uma diferença significativa em relação ao grupo-controle no conhecimento de letras, embora não de conceitos sobre a escrita e a leitura (que precisa mais da mediação do adulto). Também melhoraram no reconhecimento de palavras escritas segundo esses autores.

As funções documentais das TICs

Não podemos esquecer que as TICs nos oferecem um recurso virtual que, embora não substitua a ação e a observação, é muito útil para a busca documental ou na confrontação e intercâmbios dos resultados de um trabalho. Deve-se enfatizar o fato de que se trata de uma busca *documental*, porque às vezes o esquecemos e tratamos as TICs como única fonte de informação.

Em relação a essa função, os alunos habituados à tecnologia digital são capazes de mover-se com facilidade para registrar, buscar e guardar documentos. Com a ajuda do professor, podem também desenvolver atitudes diante da informação veiculada pelas TICs: verificar a pertinência e exatidão dos dados colhidos, perguntar-se sobre a validade dos resultados. Podem manipular os *softwares* de tratamento de textos, que lhes permitem trabalhar e modificar um texto, dar-lhe forma tipográfica, conhecer as funções de copiar, pegar, cortar e editar; organizar documentos com texto e imagens, utilizando ilustrações existentes ou de sua própria composição; utilizar adequadamente um corretor ortográfico.

Quando estão habituados, podem documentar-se através dos produtos multimídia (CD-ROM, DVD, *sites* da Internet, base de dados, etc.), são capazes de realizar buscas, de utilizar os conectores lógicos (*e*, *ou*) e explorar a informação recolhida. Podem consultar outros suportes (por exemplo, enciclopédias impressas, dicionários impressos) e buscar sua adequação. Finalmente, também são capazes de comunicar-se por meio do correio eletrônico e de produzir textos de acordo com os recursos informáticos a sua disposição.

Freqüentar o computador e a alfabetização inicial

Dizíamos que inclusive o mero fato de ser usuário do computador tem efeitos sobre a aprendizagem da leitura e da escrita. Como isso ocorre em educação infantil?

As crianças que, em sua casa e/ou na escola, dispõem de computadores pessoais, que interagem com usuários da informática e que freqüentam as máquinas mudaram seus conhecimentos em função da informação obtida através dessa freqüentação. Vejamos algumas das mudanças que podem ter sido produzidas nas crianças de educação infantil. Essas mudanças estabelecem uma diferença muito importante entre as crianças antes do computador pessoal (ou sem computador) e as crianças que freqüentam o computador.

Para começar, uma criança de 5 anos que está aprendendo a escrever com lápis e papel de forma manual, o faz com uma mão. Em troca, se assiste à escrita de um usuário sobre o teclado, vê que se escreve com as duas mãos (ou experimenta fazê-lo por si mesma). Vê e aprende que as letras estão no teclado e que, em vez de traçar grafias para escrever um nome ("escrevo", "faço", "ponho" ou "desenho" são os termos usados pelas crianças), deve pressionar as teclas. Esses termos mudam: dificilmente o menino ou a menina dirá "desenhar" ou "pôr" algo, quando trabalha com o computador.

Para escrever, deverá reconhecer as letras no teclado. É possível que esse reconhecimento das letras seja ao mesmo tempo um requisito e uma conseqüência do uso do teclado. E será uma conseqüência importante para a aprendizagem da leitura e da escrita.

Além de reconhecer as letras, deverá poder situá-las. No teclado, as letras estão em uma disposição espacial diferente da ordem alfabética habitual. Elas têm a disposição ou ordem das máquinas de escrever. Essa disposição, que se conhece como QWERTY, em função das seis primeiras letras da linha superior, correspondentes à mão esquerda, é a mais freqüente em nossa cultura.

Outra conseqüência, talvez mais importante do que a anterior, deriva da materialidade do teclado, que ajuda a conhecer que as letras do alfabeto constituem um conjunto finito: as que estão no teclado. Para uma criança dessa idade, é muito difícil aprender de forma indutiva quantas são as letras do alfabeto, isto é, aprender a partir da exposição a textos impressos ou da apresentação ordenada de uma letra depois de outra por parte da professora.

A forma das letras no teclado é a maiúscula de imprensa (a letra de "pau"). Na tela, em troca, saem as letras em imprensa minúscula (exceto que se dê uma ordem especial para escrever em maiúscula ou em imitação cursiva). Pressionar uma forma de letra e ler outra ajuda, evidentemente, a estabelecer relações entre ambas. Também colabora, na aprendizagem das correspondências entre as formas gráficas, o conhecimento que antes mencionamos de saber quais e quantas são todas as letras. É claro que, quando as crianças não sabem quais e quantas letras existem, pensam que qualquer mudança gráfica dá lugar a uma nova letra. E não estão tão erradas; na realidade, entre uma letra maiúscula e outra pode haver menos diferença que entre uma letra maiúscula e sua equivalente minúscula. Pensemos, por exemplo, na diferença entre E e F e a comparemos com a diferença entre G e g.

Além das letras para escrever nomes, quando a criança começa a escrever textos se sucedem outra série de aprendizagens, de características diferentes daquelas que ocorriam com a escrita manuscrita. Por exemplo, a apresentação do texto sobre a tela ou impresso sobre uma folha é percebida pela criança como algo mais objetivo e distanciado dela própria, e é mais fácil que seja objeto de correções. Por outro lado, o procedimento analítico que o teclado impõe, de ter que pressionar cada tecla e de ter que usar o espaçador ou o retorno para separar, ajuda a evitar séries ininterruptas de letras. Uma das correções possíveis até os 5 anos tem a ver com a separação entre palavras. Uma nova conseqüência, talvez derivada também da materialidade do teclado e das ações que se exercem sobre ele, é que ajuda a separar os grupos de letras e a conceber a unidade "palavra" dentro do texto.

Por outro lado, a maior legibilidade do texto e a digitação letra por letra facilita o reconhecimento dos erros realizados ao pressionar teclas equivocadas.

Se, além de freqüentar o processador de textos, elas dispuserem de programas de jogos, de livros falantes ou puderem olhar como se navega na Internet, as crianças começam a ver que não apenas se utiliza o meio lingüístico da escrita, mas também outros meios simbólicos. Poder interagir com esses recursos multimídia pode ajudar a aprender formas culturais diferentes e a desenvolver aspectos diversos da mente (Cesareni, 1999).

CONCLUSÕES

D. Olson sustenta que o conhecimento não se desenvolve no vazio, mas que é uma capacidade que se dá em um determinado meio simbólico. Cada tipo de meio tecnológico se diferencia dos anteriores. Os diversos tipos de meios selecionam, sustenta Olson (1998), diversos tipos de aprendizagens, mas todas as aprendizagens implicam algum meio simbólico. A comunicação tecnológica atual, o acesso à informação e ao conhecimento apelam para várias formas simbólicas, entre as quais a escrita ocupa um papel primordial. Não é de se estranhar, pois, que as crianças atraídas pelas novas tecnologias, em seu afã de manipular o computador, tenham adquirido conhecimentos sobre o escrito que não tínhamos notado em seus colegas 5 ou 10 anos mais velhos.

Se, há 10 ou 5 anos, não podíamos imaginar esse desenvolvimento tecnológico, como podemos antecipar as condições dos próximos anos? A única coisa que podemos prever para o futuro é que a leitura e a escrita serão cada vez mais necessárias; que o conhecimento estratégico para navegar no complexo mundo da informação global será cada vez mais importante; e, sobretudo, que a integração de significados a partir da diversidade de formas simbólicas disponíveis na comunicação eletrônica irá requerer novas condições de aprendizagem. Que essas condições se dêem na escola e que a tecnologia eletrônica se integre ao currículo é ainda um desafio para a primeira educação.

REFERÊNCIAS BIBLIOGRÁFICAS

Abu-Rabia, S. (1997). The need for cross-cultural considerations in reading theory: the effects of Arabic sentence context in skilled and poor readers. *Journal of Research in Reading, 20*(2), p. 137-147.

Alvarado, M. (2002). *La construcción del sistema gráfico numérico en los momentos iniciales de la adquisición del sistema gráfico alfabético.* Tese de Doutorado, México: DIE-CINVESTAV.

Alvarado, M.; Ferreiro, E. (2000). El análisis de nombres de números de dos dígitos en niños de 4 y 5 años. *Revista latinoamericana de lectura (Lectura y vida), 21*(1), p. 6-17

American Association for the Advancement of Science. (1990). The liberal art of science: Agenda for action. The report of the project on liberal education and the sciences. Washington D.C. Autor.

Andrews, S. (1999). Why Do L2 Teachers need to 'Know About Language'? Teacher Metalinguistic Awareness and Input for Learning. *Language and Education, 13*(3), p. 161-177.

Atran, S. (1994). Core domains versus scientific theories: Evidence from systematics and Itza-Maya folkbiology. Em L. Hirschfeld e S. Gelman (Eds.), *Mapping the mind: Domain specificity in cognition and culture*, p. 316-340. Nova York: Cambridge University Press.

Au, K. (2000). A Multicultural Perspective on Policies for Improving Literacy Achievement: Equity and Excellence. Em M. Kamil, P. Mosenthal, P. D. Pearson e R. Barr (Eds.), *The Handbook of Reading Research*, v.III, p. 835-851. Mahwah, NJ: Lawrence Earlbaum.

Au, K.; Mason, J. M. (1981). Social organization factors in learning to read: The balance of rights hypothesis. *Reading Research Quarterly, 17*, p. 115-152.

Aubert, A.; García, C. (2001). Interactividad en el aula. *Cuadernos de Pedagogía, 301*, p. 20-24.

Auerbach, E. H. (1995). Deconstructing the discourse of strengths in family literacy. *Journal of Reading Behavior, 27*, p. 643-661.

Ausubel, D.; Novak, J. D.; Hanesian, H. (1978). *Educational Psychology: A cognitive view.* 2. Ed.: Nova York: Holt, Rinehart e Winston. Tradução castelhana da 2. Ed.: *Psicología Educativa.* (1983). México: Trillas.

Baker, L.; Afflerbach, P.; Reinking, D. (Eds.) (1996). *Developing engaged readers in school and home communities.* Mahwah, NJ: Erlbaum.

Baker, L.; Scher, D.; Mackler, K. (1997). Home and family influences on motivations for literacy. *Educational Psychologist, 32*, p. 69-82.

Baker, L.; Mackler, K.; Sonnenschein, S.; Serpell, R. (2001). Mothers' interactions with their first grade children during storybook reading and relations with reading activity and achievement. *Journal of School Psychology, 38*(5), p. 1-24.

Barclay, K.; Benelli, C.; Schoon, S. (1999). Making the connection! Science and literacy. *Childhood Education*, p. 146-152.

Bartolomé, L. (1998). *The misteaching of academic discourses. The power of language in the classroom*. Boulder, CO: Westview.

Barton, D.; Hamilton, M.; Ivanic, R. (2000). Introduction: Exploring Situated Literacies. Em D. Barton, M. Hamilton e R. Ivanic (Eds.). *Situated Literacies: Reading and Writing in Context*. Nova York: Routledge.

Barton, D.; Hamilton. M. (1998). *Local Literacies: Reading and Writing in One Community*. Nova York: Routledge.

Béguelin, M.J. (2002). Unidades de lengua y unidades de escritura. Evolución y modalidades de la segmentación gráfica. Em E. Ferreiro (Comp.) *Relaciones de (in)dependencia entre oralidad y escritura*, p. 31-51. Barcelona: Gedisa.

Benlloch, M. (1992). *Ciencias en el parvulario: Una propuesta psicopedagógica para el ámbito de experimentación*. Barcelona: Paidós Educador.

Bialystok, E. (1991). Introduction. Em E. Bialystok (Ed.) *Language Processing in Bilingual Children*, p. 1-9. Cambridge: Cambridge University Press.

Bialystok, E. (2001). *Bilingualism in Development. Language, literacy, and Cognition*. Cambridge: Cambridge University Press.

Biber, D. (1988). *Variation across speech and writing*. Cambridge: Cambridge University Press.

Blackledge, A. (2000). Power Relations and the Social construction of 'literacy' and 'illiteracy': The experience of Bangladeshi women in Birmingham. Em M. Martin-Jones e K. Jones (Eds.). *Multilingual Literacies*, p. 55-69. Filadélfia: John Benjamins.

Blanche-Benveniste, C.; Jeanjean, C. (1986). *Le français parlé. Transcription et édition*. Paris: Didier-Erudition.

Blanche-Benveniste, C.; Bilger, M.; Rouget, C.; Eynde, van den K. (1990). *Le français parlé. Études grammaticales*. Paris: CNRS Éditions.

Blanche-Benveniste, C.; Pallaud, B.; Hennequin. M. (1992). *Les performances langagières d'enfants francophones et non-francophones d'origine, dans des classes de grande section de maternelle, à Romans (Drôme)*. Bibliothèque de Linguistique Française. Université de Provence.

Bolter, J. D. (1991). *Writing Space: The Computer, Hypertext, and the History of Writing*. Hillsdale, NJ: Lawrence Erlbaum.

Bourdieu, P. (1991). *El sentido práctico*. Madri: Taurus (versão original em francês, 1980).

Bourdieu, P. (1993) Lectura, lectores, letrados, literatura. Em *Cosas dichas*. Barcelona: Gedisa (versão original em francês, 1981).

Bourne, B. (2000) (Ed.). *Taking inquiry outdoors: Reading, writing and science beyond the classroom walls*. Maine: Stenhouse Publishers.

Boyd, S. e Arvidsson, G. (1998). The Adquisition of Literacy by Inmigrants Children in Sweden. Em A. Y. Durgunoglu e L. Verhoeven (Eds.) *Literacy Development in a Multilingual Context. Cross-Cultural perspectives*, p. 203-224. Mahwah, NJ: Lawrence Erlbaum.

Britsch, S. J. (2001). Emergent environmental literacy in the nonnarrative compositions of kindergarten children. *Early Childhood Education Journal, 28*, (3), p. 153-159.

Brizuela, B. M. (1997). Inventions and conventions: A story about capital numbers. *For the learning of mathematics, 17* (1), p. 2-6.
Brizuela, B. M. (2000). Algunas ideas sobre el sistema de numeración escrito en niños pequeños. Em N. Elichiry (Comp.), *Aprendizaje de niños y maestros. La construcción del sujeto educativo*, p. 15-27. Buenos Aires: Ediciones Manantial.
Brizuela, B. M. (no prelo). The figurative and operative in children's learning of numerical notations. Em S. Strauss (Comp.), *The development of notational representations*. Nova York: Oxford University Press.
Brown, A. L.; Campione, J. C. (1995). Guided discovery in a community of learners. Em McGilly (Ed.), *Classrooms lessons: Integrating cognitive theory and classroom practice*, p. 229-270. Cambridge, MA: MIT Press/Bradford Press.
Bruner, J. (1995). *Actos de significado. Más allá de la revolución cognitiva*. Madri: Alianza.
Bruner, J. (1997). *La educación puerta de la cultura*. Madri: Visor.
Bybee, R. W. (2002). Toward an understanding of scientific literacy. http://ehrweb.aaas.org/ehr/forum/bybee.html
Cajori, E. (1928). *A history of mathematical notations* (vol. 1). La Salle, IL: The Open Court Publishing Company.
Candela, M. A. (1997). *La necesidad de entender, explicar y argumentar. Los alumnos de primaria en la actividad experimental*. México: CINESTAV.
Carrasco, S.; Ballestín; Herrera; Martinez Olivé, C. (2002). Infància i inmigració: entre els projectes dels adults i les realitats dels infants. v. 4. Em C. Gómez-Granell, M. Garcia-Milà, A. Ripol-Millet e D. Panchón (Eds.) *La infància i les families als inicis del segle XXI*. Barcelona: Institut d'Infància i Món Urbá (CIIMU).
Carter, G.; Simpson, R. D. (1978). Science and reading: A basic duo. *Science Teacher, 20.*
Cavalho, R.; Chartier, R. (1999). *Historia occidental de la lectura*. Madri: Ariel.
Cazden, C. R. (1974). Play with language and metalinguistic awareness: One dimension of language experience. *The Urban Review, 7*, p. 28-39.
Centro de Investigación y Documentación Educativa (CIDE) (2000). El sistema educativo español. Disponível em: http://www.mec.es/cide/publicaciones/textos/inv2000see/inv2000see03.pdf.
Cesareni, D. (1999). Gli insegnanti e la tecnologie multimediali. Em C. Pontecorvo (Ed.). *Manuale di psicologia dell'educazione*, p. 339-362. Bologna: II Mulino.
Chafe, W.; Danielewicz, J. (1986). Properties of spoken and written language. Em R. Horowitz e S. J. Samuels (Eds.). *Comprehending oral and written language*. Nova York: Academic Press.
Chaillé, C.; Britain, L. (1997). *The young child as scientist. A constructivist approach to early childhood science education*. Nova York: Longman.
Chartier, R. (2000). *Las revoluciones de la cultura escrita*. Barcelona: Gedisa.
Clay, M. (1991). *Becoming literate*. Portsmouth. NH: Heinemann. Cochran-Smith, M. (1991). Word processing and writing in elementary classrooms: A critical review of related literature. *Review of Educational Research, 61*, p. 107-155.
Cochran-Smith, M. (1995). Uncertain allies: Understanding the boundaries of race and teaching. *Harvard Educational Review, 56*, p. 442-456.
Cole, M. (1999). *Psicología cultural. Una disciplina del pasado y del futuro*. Madri: Morata.
Comer, J. P. (Ed.) (1999). *Child by child. The Comer process for change in Education*. Nova York: Teachers College Press.
Comer, J. P. (1997). *Waiting for a miracle: Why schools can't solve our problems and how we can*. Nova York: Dutton.

Comisión Europea/EURYDICE/EUROSTAT (2000a). Chapter C: Pre-primary education, em *Key data on education in Europe*. Luxemburgo: Office de publications officielles des Communautés européennes. p.
Comisión Europea/EURYDICE/EUROSTAT (2000b). *Las cifras clave de la educación en Europa*. Luxemburgo: Oficina de Publicaciones oficiales de la Comunidad Europea.
Coulmas, F. (1989). *The writing systems of the world*. Oxford: Blackwell.
Cox, B.; Fang, Z.; Otto, B. (1997). Preschoolers' developing ownership of the literate register. *Reading Research Quarterly, 32* (1), p. 34-53.
Crain-Thoreson, C.; Dale, P. S. (1999). Enhancing linguistic performance: Parents and teachers as book reading partners for children with language delays. *Topics in Early Childhood Special Education: Special Issue:* 62.19(1), p. 28-39.
Cronin, V.; Farrell, D.; Delaney, M. (1999). Environmental print and word reading. *Journal of Research in Reading, 22*(3), p. 271-282.
Cummins, J. (1979). Linguistic interdependence and the educational development of bilingual children. *Review of Educational Research, 49*, p. 222-251.
Cummins, J. (1981). The role of primary language development in promoting educational succes for language minoriry students. Em *Schooling and Language Minority Students: A theoretical framework*. Los Angeles: Evaluation, Dissemination and Assessment Center, California State University.
Cummins, J. (1998). Immersion for the millenium: What have we learned from 30 years of research on second language immersion? Em M. R. Childs e R. M. Bostwick (Eds.), *Learning through two languages: Research and practice*. Second Katoh Gakuen Interna.
Cummins, J.; Swain, M. (1986). *Bilingualism in education: Aspects of theory, research and practice*. Londres: Longman.
Cunningham, J. W. (2000). How will literacy be defined in the new millennium? *Reading Research Quarterly, 35*(1), p. 64-71.
De Corte, E.; Verschaffel, L.; Lowyck, J. (1996). Computers, media, and Learning. Em E. De Corte e F. E. Weinert (Eds.) *International Encyclopedia of Developmental and Instructional Psychology*, p. 695-699. Londres: Pergamon.
Del Prête, F. (1997). Les marqueurs de style soutenu. Recherche d'un lexique et évaluation de la parodie à partir de corpus oraux. Mémoire de DEA, Linguistique Française. Université de Provence.
Delgado-Gaitan, C. (1996). *Protean literacy: Extending the discourse on empowerment*. Nova York: Flamer.
Díaz, C. (2001). Constancia y variación gráfica en la evolución conceptual de la escritura. Una aproximación a la comprensión del conocimiento ortográfico. Tese de Doutorado, DIE, México.
Duckworth, E. (1987) *"The having of wornderful ideas" and other essays on teaching and learning*. Nova York: Teachers College Press.
Durkin, D. (1961). *Children who read early*. Nova York: Teachers College Press.
Edwards, P. A. (1996). Creating sharing time conversations: Parents and teachers work together. *Language Arts, 73*(5), p. 344 - 349.
Elboj, C.; Valls, R.; Fort, M. (2000). Comunidades de aprendizaje. Una práctica educativa para la sociedad de la información. *Cultura y Educación, 17-18*, p. 129-141.
Escuelas Infantiles de Reggio Emilia (1990). *Le intelligence si trovano usandole. Esperienze Educative a Reggio Emilia* (Trad. do original: La inteligencia se construye usándola, 1995, Madri: Morata).

EURYDICE, the Information Network on Education in Europe (1994). *Pres-school and primary education in the European Union.* Luxemburgo: Office for Official Publications of the European Communities.
EURYDICE, the Information Nerwork on Education in Europe (1995). *Pres-school education in the European Union: Current thinking and provision.* Luxemburgo: Office for Official Publications of the European Communities.
Feinstein, L.; Robertson, D.; Symons, J. (1999). Pre-school education and attainment in the National Child Development Study and British Cohort Study. *Education Economics,* v. 7, n. 3, p. 209-234.
Feitelson, D. e Goldstein, Z. (1986). Patterns of book ownership and reading to young children in Israeli school-oriented and nonschool-oriented families. *Reading Teacher, 39,* p. 924-930.
Ferreiro, E. (1997). *Alfabetización. Teoría y práctica.* México: Siglo XXI.
Ferreiro, E. (2001a). *Pasado y presente de los verbos leer y escribir.* México: Fondo de Cultura Económica.
Ferreiro, E. (2001b). La dimensión plástica de la escritura. *Tópicos del Seminario, 6,* p. 77-91.
Ferreiro, E. (2002). Escritura y oralidad: unidades, niveles de análisis y conciencia metalingüística. Em E. Ferreiro (Comp.). *Relaciones de (in)dependencia entre oralidad y escritura,* p. 151-172. Barcelona: Gedisa.
Ferreiro, E.; Teberosky, A. (1979). *Los sistemas de escritura en el desarrollo del niño.* México: Siglo XXI.
Ferreiro, E.; Zucchermaglio, C. (1996). Children's use of punctuation marks: The case of quoted speech. Em C. Pontercorvo, M. Orsolini, B. Burge e L. B. Resnick (Comps.), *Children's early text construction,* p. 177-205. Mahwah, NJ: Lawrence Erlbaum.
Ferreiro, E.; Pontecorvo, C.; Ribeiro Moreira, N.; García Hidalgo, I. (1996). *Caperucita Roja aprende a escribir.* Barcelona: Gedisa.
Filmore, L. W.; Snow, C. (2000). What teachers need to know about language. www.cal.org./ericcll/teachers.pdf.
Fitzgerald, J.; Spiegel, D. L.; Cunningham, J. W. (1991). The relationship between parental literacy level and perceptions of emergent literacy. *Journal of Reading Behavior, 13*(2), p. 191-212.
Flecha, R. (1997). *Compartiendo palabras. El aprendizaje dialógico de las personas adultas.* Barcelona: Paidós.
Freire, P. (1997). *A la sombra de este árbol.* Barcelona: El Roure.
Freire, P.; Macedo, D. (1989). *Alfabetización. Lectura de la palabra y lectura de la realidad.* Barcelona: Paidós.
Gak, V. (2001). À propos du système graphique français: Quelques problèmes à discuter. Em C. Gruaz e R. Honvault (Comp.). *Variations sur l'orthographe et les systèmes d'écriture. Mélanges en hommage a Nina Catach,* p. 23-34. Paris: Honoré Champion.
Garcia-Milà, M.; Izquierdo, M.; Sanmartí, N. (1998). La naturalesa de les ciencias i la ciència escolar. Em M. Izquierdo (Ed.). *Psicopedagogía de les ciències físiconaturals.* Barcelona: Ediuoc.
Gaskins, I. W. (2000). What will classrooms and schools look like in the new millennium? *Reading Researcb Quarterly, 35*(1), p. 128-134.
Gavelek, J. R.; Raphael, T. E.; Biondo, S. M.; Wang, D. (2000). Integrated Literacy Instruction. Em M. Kamil, P. Mosenthal, P. D. Pearson e R. Barr (Eds.). *The Handbook of Reading Research, Vol. III,* p. 587-607. Mahwah, NJ: Lawrence Erlbaum.

Gelman, S. (2002). Dialogue on early childhood science, mathematics, and technology education. http://www.project2061.org.
Genesee, F. (1987). *Learning through two languages: Studies of immersion and bilingual education.* Cambridge, MA: Newbury House.
Geva, E.; Wade-Wooley, L. (1998). Component processes in becoming English-Hebrew biliterate. Em A. Y. Durgunoglu e L. Verhoeven (Eds.) *Literacy Development in a Multilingual Context. Cross-Cultural perspectives*, p. 85-110. Mahwah, NJ: Lawrence Earlbaum.
Goldman, S. R.; Trueba, H. (1987). *Becoming literate in English as a second language.* Norwood, NJ: Ablex.
Gombert, J. E. (1990) *Le dévelopment métalinguistique.* Paris: Presses Universitaires de France.
Gonik, A.; Graf, P. (1988). Knowing how you know: young children's ability to identify and remember the sources of their beliefs. *Child Development, 59*, p. 1366-1371.
Gos, M. W. (1995). Overcoming Social Class Markers: Preparing Working Class Students for College. *The Clearing House, 69* (1), p. 30-34.
Gunderson, L. (2000). How will literacy be defined in the new millennium? *Reading Research Quarterly, 35*(1), p. 64-71.
Guthrie, J. T.; Dreher, M. J. (1990). Literacy as Search: Explorations Via Computer. Em D. Nix e R. Spiro (Eds.). *Cognition, Education, Multimedia. Exploring Ideas in High Technology*, p. 65-113. Hillsdale, N. J.: Lawrence Erlbaum.
Halliday, M. (1982). Linguistics in teacher education. Em R. Carter (Ed.). *Linguistics and the Teacher*, p. 10-15. Londres: Routledge & Kegan Paul.
Harlen, W. (1985). (Ed.) *Primary science. Taking the plunge.* Londres: Heinemann.
Hasson, R. (1995). *The Art of Arabic Calligraphy.* Jerusalém: L. A. Mayer Memorial Museum for Islamic Art.
Heath, S. B. (1983). *Ways With Words.* Nova York: Cambridge University Press.
Hester, E. J. (1996). Narratives of young African American children. Em A. G. Kamhi, K. E. Pollack e J. L. Harris (Eds.), *Communication development and disorders in African American children: Research, assessment, and intervention*, p. 227-245. Baltimore, MD: Paul H. Brookes.
Hiebert, E. H. (1981). Developmental patterns and interrelationships of preschool children's print awareness. *Reading Research Quarterly, 16*, p. 236-260.
Hornberger, N. H. (1989). Continua of biliteracy. *Review of Educational research, 59* (3), p. 271-296.
Hornberger, N. H. (1992). Biliteracy contexts continua and contrasts: Policy and curriculum for Cambodian and Puerto Rico students in Philadelphia. *Education and Urban Society, 24*, p. 196-211.
Horowitz, R. (1991). Orality and literacy and the design of schooling for the twenty-first century: Some introductory remarks. *Text, 11* (1), p. I-XVI.
Kamii, C.; Devries, B. (1978). *Physical knowledge in preschool education: Implications of Piaget theory.* Englewood Cliffs, NJ: Prentice-Hall. (Tradução castelhana: *El conocimiento físico en la educación preescolar. Implicaciones de la teoría de Piaget.* Ed. Siglo XXI, 1983).
Kamil, M.; Intrator, S.; Kim, H. (2000). The Effects of Other Technologies on Literacy and Literacy Learning. Em M. L. Kamil, P. B. Mosenthal, P. D. Pearson e R. Barr (Eds.). *Handbook of Reading Research. v. III*, p. 771-788. NJ: Lawrence Erlbaum.
Kenner, C. (2000). Symbols Make text: A social semiotic analysis of writing in a multilingual nursery. Em Marquilhas, *Written language and Literacy, v. 3* (2), p. 235-266.

Kilfeather, E. (1998). Hypertext, narrative and Coherence: The role of the reader and writer in the practice of hypertext.
Klein, P.; Olson, D. (2001). Texts, Techonology, and Thinking: Lessons from the Great Divide. *Language Arts, 78,* (3), p. 227-236.
Korkeamäki, R.; Dreher, M. (1995). Meaning Based Instruction in a Finnish Kindergarten. Em K. A. Hinchman, D. J. Leu e C. K. Kinzer (Eds.), *Perspectives on literacy: Research and Practice:* Forty-fourth yearbook of the National Reading Conference, p. 235-242. Chicago: National Reading Conference.
Kress, G. (1993). *Learning to Write.* Londres: Routledge.
Kuhn, D. (1979). The application of Piaget's theory of cognitive development to education. *Harvard Educational Review, 49,* (3).
Kuhn, D.; Garcia-Milà, M.; Zohar, A.; Andersen, C. L. (1995). Strategies of knowledge acquisition. *Monographs of the Society for Research in Child Development, 60,* (4), p. 1-136.
Labbo, L. D. (1996). A semiotic analysis of young children's symbol making in classroom computer center. *Reading Research Quarterly, 31* (1), p. 356-385.
Labbo, L. D. (2000). What will classrooms and schools look like in the new millennium? *Reading Research Quarterly, 35* (1), p. 128-134.
Lemke, J. L. (1997). *Aprender a hablar ciencia. Lenguaje, aprendizaje y valores.* Barcelona: Paidós.
Leu, D. J. (2000). Literacy and Techonology: Deitic Consequences for Literacy Education in an Information Age. Em M. L. Kamil, P. B. Mosenthal, P. D. Pearson e R. Barr (Eds.). *Handbook of Reading Research. Vol. III,* p. 743-770. NJ: Lawrence Erlbaum.
MacGillivray, L. (1997). "I've Seen You Read": Reading Strategies in a First-Grade Class. *Journal of Research in Childhood Education, 11,* (2), p. 135-151.
Many, J. E. (2000). How will literacy be defined in the new millennium? *Reading Research Quarterly, 35* (1), p. 64-71.
Martí, E. (no prelo). Strengths and weaknesses cognition over the preschool years. Em J. Valsiner e K. J. Connolly (Eds.), Handbook of developmental psychology. Londres: Sage.
Martí, E.; Pozo, J. I. (2000). Más allá de las representaciones mentales: la adquisición de los sistemas externos de representación. *Infancia y aprendizaje, 90,* p. 11-30.
Martin, J. R. (1993). Literacy in science: Learning to handle text as technology. Em M. A. K. Halliday e J. R. Martin (Ed.), *Writing Science: Literacy and discoursive power*, p. 166-202. Pittsburgh: University of Pittsburgh Press.
Martin, R.; Sexton, C.; Wagner, K.; Gerlovich, J. (1998). *Science for all children. Methods for constructing understanding.* Needhan Heights, MA: Allin y Bacon.
Mason, J. (1992). Reading Stories to Preliterate Children: A Proposed Connection to Reading. Em P. Gough, L. Ehri e R. Treiman (Eds.). *Reading Acquisition.* Hillsdale, NJ: Lawrence Erlbaum.
Mead, G. H. (1990). *Espíritu, persona y sociedad.* México: Paidós.
Merida, R. (2002). Una nueva forma de trabajar en educación infantil: Los mapas conceptuales. *Infancia y Aprendizaje, 14* (1), p. 99-123.
Metz, K. E. (1995). Reassessment of developmental constraints on children's science instruction. *Review of Educational Research, 65,* pp. 93-128.
Michaels, S. (1991). Hearing the Connections in Children's Oral and Written Discourse. Em C. Mitchell e K. Weiler (Eds.), *Rewriting Literacy,* p. 103-122. Nova York: Bergin and Garvey.
Ministerio de Educación y Cultura (MEC) (1994). *Estadísticas de la educación no universitaria en España.* Madri: Centro de publicaciones del Ministerio de Educación y Cultura.

Ministerio de Educación y Cultura (MEC) (2001a). *Las cifras de la Educación en España.* Disponível em: http://www.mec.es/estadistica/CifEdu.html.
Ministerio de Educación y Cultura (MEC) (2001b). *Estadísticas de la educación no universitaria en España.* Disponível em http://www.mec.es/estadistica/Files/Series2000.pdf.
Molina, M. e Maruny, L. (2000). *Adquisició del català i competència comunicativa en alumnes d'origen marroqui a l'ensenyament obligatori.* Memòria de Recerca, Fundació Bofill. Barcelona.
Moll, L. (1992). *Vygotsky and education: Instructional implications and applications of sociohistorical psychology.* Nova York: Cambridge University Press.
Morillo, C. (1996). Le langage soutenu des enfants en situation de parodies. Mémoire de Maîtrisse, Linguistique Française. Université de Provence.
Morrison, K. (1995). Fijación del texto: la institucionalización del conocimiento en formas históricas y filosóficas de la argumentación. Em J. Bottéro e outros. *Cultura, pensamiento, escritura.* Barcelona: Gedisa.
Morrow, L. (1995). *Family literacy: Connections in schools and communities.* Newark, DE: International Reading Association.
Morrow, L.; Young, J. (1997). *Parent, teacher, and child participation in a collaborative family literacy program: The effects on attitude, motivation, and literacy achievement.* Reading Research Report Nº 64. Athens, GA: National Reading Research Center, 1996. (ED 398 551)
Mosenthal, P. (2000). How will literacy be defined in the new millennium? *Reading Research Quarterly, 35* (1), p. 64-71.
Nagy W. E.; Herman, P. A.; Anderson, R. C. (1985). Learning words from context. *Reading Research Quarterly, 20,* p. 233-253.
Neuman, S. (1996). Children engaging in storybook reading: The influence of access to print resources, opportunity, and parental interaction. *Early Childhood Research Quarterly, 11,* p. 495-513.
Neuman, S.; Roskos, K. (1997). Literacy knowledge in practice: Contexts of participation for young writers and readers. *Reading Research Quarterly, 32,* 1, p. 10-32.
Nielsen, J. (1998). Electronic Books – A bad Idea.
Ninio, A. Bruner, J. (1978). The achievement and antecedents of labeling. *Journal of Child Language, 5,* p. 1-14.
Ogbu, J. U. (1991). Cultural Diversity and School Experience. Em C. E. Walsh, (Ed.), *Literacy as Praxis: Culture, Language and Pedagogy,* p. 25-50. Norwood, N. J.: Ablex.
Olson, D. (1998). *El mundo sobre el papel.* Barcelona: Gedisa (versão original em inglês, 1994).
Olson, D.; Astington, J. (1993). Thinking about thinking: Learning how to take statements and hold beliefs. *Educational Psychologist, 28* (1), p. 7-23.
Oroval, E.; Frers, N.; Calero, J.; Samaranch, M.; Solé, M. (1997). *Estudi del sistema educatiu espanyol amb especial referència a l'organització competencial i al finançament Una aproximació des de l'àmbit local.* Barcelona: Ajuntament de Barcelona.
Osborn, A. F.; Milbank, J. E. (1992). *Efectos de la Educación Infantil.* Madri: La Muralla (Publicação original em 1987).
Padilla, M.; Muth, D.; Lund-Padilla, R. (1991). Science and reading. Many process skills in common. Em M. C. Santa e D. E. Alverman (Eds.), *Science learning processes and aplications,* p. 14-19. Newark, DE: International Reading Association.

Palincsar, A. S.; Brown, A. (1984). Reciprocal teachinf of comprehesion-fostering and comprehesion-monitoring activities. *Cognition and Instruction, 1*, p. 117-175.
Parkes, M. H. (1992). *Pause and Efect. An Introduction to the History of Punctuation in the West*. Hants, U K: Scolar Press.
Pascucci, M. (2001). "Querido amigo te escribo..." Relaciones, emociones y sentimientos en los Jardines de Infantes. *Infantia. Newsletter n° 60*.
Piaget, J. (1978). Success and understanding. (A. J. Pomerans, trans.). Cambridge, MA: Harvard University Press. (Trabalho original publicado em 1974).
Popper, K. (1972). *Conjectures and refutations: The growth of scientific knowledge* (4 Ed.). Londres: Routledge & Kegan Paul.
Purcell-Gates, V. (1995). *Other People's Words: The cycle of low literacy*. Cambridge, MA: Harvard University Press.
Purcell-Gates, V. (1996). Stories, coupons, and the TV Guide: Relationships between home literacy experiences and emergent literacy knowledge. *Reading Research Quarterly, 31*, p. 210-219.
Purcell-Gates, V. (2000). Family Literacy. Em M. L. Kamil, P. B. Mosenthal, P. D. Pearson e R. Barr (Eds.) *Handbook of Reading Research. Vol. III*, p. 853-870. NJ: Lawrence Erlbaum.
Purcell-Gates, V.; Degener, S.; Jacobson, E.; Soler, M. (2002). Impact of authentic adult literacy instruction on adult literacy practices. *Reading Research Quarterly, 37*, p. 70-92.
Reder, S. (1994). Practice Engagement Theory: A Sociocultural Approach to Literacy Across Languages and Cultures. Em B. M. Ferdman, R. M. Weber e A. G. Ramirez (Eds.), *Literacy Across Languages and Cultures*, p. 33-74. Albany: Suny Press.
Reiking, D. (1998). Synthesizing techonological transformations of literacy in a post-typographic world. Em D. Reiking, M. McKenna, L. D. Labbo e R. Keiffer (Eds.). *Handbook of literacy and technology: Transformations in a post-typographic world*, p. xi-xxx. Mahwah, NJ: Lawrence Erlbaum.
Robbins, C.; Ehri, L. (1994). Reading storybooks to kindergartners helps them learn new vocabulary words. *Journal or Educational Psychology, 86*, p. 54-64.
Rodrigo, M. J. (2001). Desarrollo intelectual y procesos cognitivos entre los 2 y los 6 años. Em J. Palacios, A. Marchesi e C. Coll (2001). *Desarrollo psicológico y educación. I. Psicología Evolutiva*, p. 201-224. Madri: Alianza.
Rutherford, F. J.; Ahlgren, A. (1990). *Science for all americans*. Nova York: Oxford University Press.
Sampson, G. (1997). *Sistemas de escritura*. Barcelona: Gedisa (versão original em inglês, 1985).
Sánchez Aroca, M. (1999). La Verneda Sant Martí: A school where people dare to dream. *Harvard Educational Review, 69* (3), p. 320-335.
Schaffer, H. R. (1994). *Decisiones sobre la infancia. Preguntas y respuestas que ofrece la investigación psicológica*. Madri: Visor.
Schauble, L.; Klopfer, L. E.; Raghavan, K. (1991). Students transition from an engineering model to science model of experimentation. *Journal of Research in Science Teaching, 28* (9), p. 859-882.
Scollon, R. e Scollon, S. B. K. (1983). *Narrative, Literacy and Face in Interethnic Communication*. Norwood, NJ: Ablex.
Sénéchal, M. (1997). The differential effect of storybook reading on preschoolers' acquisition of expressive and receptive vocabulary. *Journal of Child Language, 24*, p. 123-138.

Sénéchal, M.; Thomas, E.; LeFevre, J.-A. (1995). Individual Differences in 4 Year-Old Children's Acquisition of Vocabulary During Storybook Reading. *Journal of Educational Psychology, 87*, p. 218-229.
Simone, R. (2001). *La tercera fase. Formas de saber que estamos perdiendo.* Madri: Taurus.
Slavin, R. E. et al. (1985). *Learning to cooperate, cooperating to learn.* Nova York: Plenun Press.
Smith, C. (1979). Children's undertanding of natural language hierarchies. *Journal of Experimental Child Psychology, 27*, p. 437-458.
Snow, C.; Barnes, W.; Chandler, J.; Goodman, J.; Hemphill, L. (1991). *Unfulfilled expectations: Home and school influences on literacy.* Cambridge, MA: Harvard University Press.
Snow, C.; Barns; Griffin (Eds.) (1998). *Preventing reading difficulties in young children.* Washington, D. C.: National Academy Press.
Snow, C.; Tabors, P. (1993). Intergenerational transfer of literacy. Em L. A. Benjamin e J. Lord. *Family literacy: Directions in Research and implications for practice.* Washington, DC: OERI.
Sodian, B.; Zaitchik, D.; Carey, S. (1991). Young children's differentiation of hypothetical beliefs from evidence. *Child Development, 62*, p. 753-766.
Soler, M. (2000). La tertúlia literària com a creadora de possibilitats. *GUIX. Elements d'acció educativa, 24* (203), p. 27-30.
Soler, M. (2001). Lectura dialògica a la primera infància. GUIX *d'Infantil, 3*, p. 12-14.
Spataro, C. (1996). Les adolescents et le langage soutenu dans la parodie. Mémoire de Maîtrisse, Linguistique Française. Université de Provence.
Street, B. (1995). *Social Literacies: Critical Approaches to Literacy in Development, Ethnography, and Education.* Nova York: Longman.
Street, B. (1993). *Cross-cultural approaches to literacy.* Cambridge: Cambridge University Press.
Taylor, D. (1985). *Family literacy: Children learning to read and write.* Exeter, NH: Heinemann.
Taylor, D. (1997). *Many families, many literacies.* Portsmouth, NH: Heinemann.
Taylor, D.; Dorsey-Gaines, C. (1988). *Growing up literate: Learning from inner-city families.* Portsmouth, NH: Heinemann.
Teale, W.; Sulzby, E. (Eds.) (1986). *Emergent literacy: Reading and writing.* Norwood, NJ: Ablex.
Teberosky, A. (1992). Aprendiendo a escribir. Barcelona: ICE/Horsori.
Teberosky, A.; Martí, E; Garcia-Milà, M. (1998). *Early stages in the development of notational knowledge.* Reunião bienal n. XV da ISSBD (International Society for the Study of Behavioral Development), Berna, Suíça.
Teberosky, A.; Garcia-Milà, M. (2002). Per què plou? Barcelona: Vicens Vives.
Tolchinsky, L. (1993). *Aprendizaje del lenguaje escrito.* Barcelona: Anthropos.
Tolchinsky, L.; Karmiloff-Smith, A. (1992). Children's understanding of notations as domains of knowledge *versus* referential communicative tools. *Cognitive development, 7*, p. 287-300.
Tolchinsky, L.; Teberosky, A. (1998). The developmental of word segmentation and writing in two scripts. *Cognitive Development, 13*, p. 1-24.
Tove Skutnabb-Kangas, T. (2000). *Linguistic Genocide in Education – or Worldwide Diversity and Human Rights?* Mahwah, NJ: Lawrence Erlbaum.
Treitler, L. (1982). The early history of music writing in the West. *Journal of the American Musicological Society, 35* (2), p. 237-279.
Van Daal, V.; Reitsma, P. (2000). Computer-assisted learning to read and spell: results from two pilot studies. *Journal of Research in Reading, 23* (2), p. 181-193.

Verhoeven, L. (1994). Acquisition of literacy by immigrant children. Em Frith, U., Lüdi, G., Egli, M. e Zuber, A. (Eds.) *Contexts of literacy. Vol. III*. France: Network on Written Language and Literacy.

Verhoeven, L.; Durgunoglu, A. Y. (1998). Introduction: Perspectives on Literacy Development in Multilingual Contexts. Em A. Y. Durgunoglu e L. Verhoeven (Eds.) *Literacy Development in a Multilingual Context. Cross-Cultural perspectives*, p. ix-xviii. Mahwah, N. J.: Lawrence Erlbaum.

Vila, I. (2000). Enseñar a convivir, enseñar a comunicarse. *Textos de Didáctica de la Lengua y la Literatura, 23*, p. 23-30.

Voelin, C. (1976). Deux experiencies a propos de l'extension dans l'épreuve de la quantification de l'inclusion. *Revue Suisse de Psychologie, 35*, p. 269-284.

Vygotsky, L. S. (1978). *Mind in society: The development of higher psychological processes*. Cambridge, MA: Harvard University Press.

Vygotsky, L. S. (1979). *El desarrollo de los procesos psicológicos superiores*. Barcelona: Crítica.

Waller, R. (1988). *The typographic contribution to language*. University of Reading.

Wien, C. (1998). Nine Problems Concerning Arabic. Em J. D. Byrum, Jr. e O. Madison (Eds.) *Multi-script, Multilingual, Multi-character Issues for the Online Environment*, p. 25-38. Munique: K. G. Saur.

Wilkinson, L. C.; Silliman, E. R. (2000). Classroom Language and Literacy Learning. Em M. Kamil, P. Mosenthal, P. D. Pearson e R. Barr (Eds.), *The Handbook of Reading Research, Vol. III*, p. 337-360. Mahwah, NJ: Lawrence Erlbaum.

Willis, P. (1988). *Aprendiendo a trabajar. Cómo los chicos de la clase obrera consiguen trabajos de clase obrera*. Madri: Akal.

Yaden, D.; Rowe, D.; MacGillivray, L. (2000). Emergent Literacy: A Matter (Polyphony) of Perspectives. Em M. Kamil, P. Mosenthal, P. D. Pearson e R. Barr (Eds.), *The Handbook of Reading Research, Vol. III*, p. 425-454. Mahwah, NJ: Lawrence Erlbaum.

Zimmerman, C. (2000). The development of scientific reasoning skills. *Developmental Review, 20*, p. 99-149.